THOUGHT FORCE

相信就是力量

威廉・沃克・阿特金森

林敬蓉、楊雅琪、蔡裴驊　譯

吸引力法則創始大師阿特金森的永恆智慧

WILLIAM WALKER
ATKINSON

［目錄］

第二部——擁抱思維吸引力

第三部──思維練習

前言

關於「老師」與「門徒」，作者有話要說，包括他自己在內。

我收到一封一位認真的新思維學生的信，他告訴我，他正努力實踐我所主張的學說。那很好——我想，他會從實踐中得到一些益處（我知道我有）。但問題出在這裡——他接著說，他是我的「忠實門徒」，而且滿足於「坐在老師的腳邊」*。唉，如果，你們原諒我使用這個俚語，我得說，這樣的說法「讓我厭煩」。我不想要「門徒」——門徒只是重覆某個人話語的鸚鵡，只是跟在某個驕傲自滿的老領頭羊後面小跑步的人形羊群。我不想假裝是領

* 這個英文片語 sit at somebody's feet，字面意思是坐在某人的腳邊，意指做某人的弟子或追隨者。

頭羊，也不想要一群人形綿羊跟在我後面小跑步。我想要我的每個精神科學的學生，都是他們自己的領頭羊。我喜歡夥伴情誼和互相幫助——彼此依賴的協助。但是，我不喜歡這種大師與門徒，領導者與追隨者的說法，不喜歡這種說法和依賴的概念。

至於坐在任何人的腳邊，這種想法激起了我內在所有的獨力自主精神。我不想要坐在任何人的腳邊，而且，我也不想要任何人坐在我的腳邊。我很願意，而且常常很樂意，傾聽某個老師的話，並且從他的教導中，摘取我的心靈準備接收的片段真理。我心甘情願說出「我不知道」，並從他人那裡接受吸引我的真理，不是因為其他人說那是真理，而是因為，我的心靈認可那是真的。只要我發現了它，我就把它納為己有，因為，我認得那是我的。我知道，所有的學生和老師都從唯一的來源獲得知識——他們無法從其他地方獲得。而如果，某個人剛好在我之前看到了某個真理的特定片段，我會很樂意從他手中接收其中一部份，不管他是國王還是乞丐。而如果是我先看到，我會很樂意和所有準備好接受的人，還有想要得到的人分享，不會覺得我是「領導者」或「老師」，或者他們是「追隨者」或「門徒」。我們都是學生，就是這樣。我並未認定任何人是我的師傅，而我也唾棄會叫我「大師」的人，如果有任何這樣的傻瓜的話。這種坐在腳邊的說法，讓我非常、非常厭煩。

我非常清楚有些老師會傳達這種概念，說他們是神選擇的代言人，而且所有真正的教學內容都必須印有他們的標誌。而我也看到許多這類老師的追隨者所表現出的狂熱忠誠和盲從。但這都是兒童的遊戲。這些老師早晚會撞上堅硬的石牆，他們的頭會撞得瘀青，直到他們了解「他們自己的地位」。而那些「門徒」之後會有些個人特質敲進他們腦中，並因為身下的支撐被敲掉而被迫站起來自立自強。新思維的目的在打造獨立的個體，而不是要把人轉變為羊群，跟隨某個想像自己是所有知識的自負老領頭羊的鈴聲而行。

逐漸成長的靈魂必須了解，它的內在就有它所需的一切。隨著它的發展，它也許很樂意接受他人的建議、忠告、片段的知識等等——對於它在每個特定階段的需求，心靈本身是唯一的法官。但是，到了最後，它必須做自己的功課，必須自立。世界上所有的學說都幫不了你，除非你自己抓到問題，並想出你自己的解決辦法。你不可能藉由只是付出大筆金錢去上課，而自己什麼都不做，就能得真正的心靈或精神上的教導。你必須先帶些什麼給老師，才能拿走任何東西。你必須先有所理解，另一個人的教導才能讓你獲益。

老師也許會給你一個建議，而打開了你的一條思路，或者他會指出一條證明對他有價值的道路，因而幫你省下很多時間與麻煩。但你必須自己真正動手做。

一位老師也許心中充滿那麼多的真理，因而滿溢出來，而你會從中獲取一些。我相信，那種真理「很有吸引力」。但即便如此，除非你實踐那種真理讓它成為你自己的，並且讓它符合你的需求，不然，它不會對你有好處。而只要你滿足於「坐在他的腳邊」，並表現得像個「門徒」，你就連一吋都不會前進。你只會是老師的倒影，而不是一個獨立的個體。

我們必需時常被提醒這一點，以免我們忘記。有某個老師或作者先幫你把你的思想消化一番，真是輕鬆的事——接受裝在膠囊裡的教導多麼容易啊。能坐下來，吞下老師或作者好心為你準備的摘要，然後想像你真的有所收獲，真是美好的事。但我告訴你，朋友——工作不是這樣做的。儘管隨你高興喝下所有的教導，但你必須自己開始動手做。你不能給另一個人法定代理人的權力，代替你做你的工作。生命不接受替代品，你必須自己跨出去。這種想法非常輕鬆——付出大筆時間和金錢給某個老師和作者，然後偷溜進天堂，抓著他的裙襬——但不會有用的。你必須自己趕緊做，而且，你不要搞不清楚這個事實。

你們許多人圍著老師、傳教士、先知、預言家、「發光的靈魂」以及諸如此類的人身邊轉，期待你那一點點購買課程、私人家教和其他東西的費用，會讓你最終落在最前排。你絕對一個字都不要相信。你必須自己完成行動，才能有所得。你不能偷溜進那條路，那不會有用的。我四下環顧，看到許多這種可憐人「坐在這個或那個人的腳邊」，讓自己的獨立性沉到老師的獨立性底下，不敢有自己的獨創想法——以免和他們「大師」的某個想法衝突。這些好人心中充滿那麼多他們吸收的教導，他們會一句一句的大量覆誦，就像一隻訓練有素的鸚鵡。但他們一個字都不了解。他們就像由於陽光的反射而發光的月亮一樣，自己沒有光或熱。這些「門徒」和「坐在腳邊者」的談話只是月光，是反射的光線。月亮是死寂而寒冷的東西，沒有光，沒有熱，沒有火，沒有能量。它們是死的——寒冷、荒涼而且「玩完了」。不要再搞月亮這一套，把你自己變強成為太陽。它在你裡面，讓它顯露出來。讓你自己開始行動，顯現出生命。別認為你必須能夠解決所有宇宙的謎團，然後才能做任何事。別管那些謎團，就開始認真執行在你面前的任務吧，並且，把那些在你內在等待機會露臉的偉大人生法則的其中一部份投注在任務中。別誤以為這個或那個老師已經解開了大謎團。如果，他說他解開了，他只是虛張聲勢，吹口哨壯膽而已。他也許發現了相當多的真理，如果，他願意把一些傳給你，那好，但從巨大視角來看，他並未擁有全部的知識。所有的知識並不獨家掌控在它自己的任何一小部份。沒有人獨佔知識，壟斷真理。那是你的，也是任何人的，但你必須去挖掘。

別費神管那些理論或未解的謎團，只管開始做正事，開始活著。有時候，為了消遣，我會讀一些理論和那些認為他們已經掌握整體知識的人的「解釋」。在我讀完一個「絕對可信」傢伙的理論後，我繼續看另一個人完全相反的理論，這個人自認是絕對者的特殊代言人。哎唷，真是讓腦袋大為震撼。如果，你不小心一點，你會發現自己面前是一盤美好的炒大腦。當我因為這種東西而有幾分煩躁時，我就出門走進陽光下，求助於「大笑哲學」，這樣很快就讓我清醒了。沒有什麼比好好笑一笑能更快戳破這些泡泡了。笑是唯一能讓人類免於瘋狂的東西。幽默感是神給人類的最好禮物。下次，當你因為「高論」、「基本真理」、「充滿格言的原理」而變得煩躁時，試試大笑。小心任何無法通過戶外陽光測試，以及大笑哲學應用的學說。避開需要嘟起嘴巴，還有緊繃、異常嚴肅臉孔的學說。避開需要一個模糊、陰暗、沒有陽光的房間才能吸收的學說，小心上面帶有霉味細胞的學說和教條。把你拿到的學說帶到陽光下，看看它們會不會褪色——塗上笑聲的化學藥劑，以查明這玩意是否會被漂白。當你對於某種奇怪的理論或教條感到困惑或憂慮時——不管它們從何而來，記得用這種測試法。如果，任何人告訴你那經不起測試——丟棄那種學說，因為，如果是那樣的話，它就是虛假謬誤的。把這個方法用在我的作品和其他人的作品上。

不要再當月亮。不要再靠反射的光線而活。開始行動，把自己轉變為有活力的太陽。你可以辦到的。它就在你的能力裡面。每個人的靈魂裡都含有太陽的元素，開始行動，表現自己。挺直背脊，把頭抬高。別怕說出，「我就是太陽」。

這是一次開誠布公的談話。別告訴我，你是我的「門徒」。我不擁有你，我拒絕有門徒。別試圖「坐在我腳邊」，如果你這麼做，我會用我的腳把你推下講台。我需要空間伸伸腿，不想要有人坐在那裡。但如果你想要叫我「兄弟」或「同學」或「上帝幼稚園的校友」，我很樂意你這麼做。畢竟，我們就是這樣——緊拉著絕對者胸口的小嬰兒。

威廉．沃克．阿特金森

宣言

我相信人類的心靈含有所有力量的集大成，思想是能量的最強表現方式之一。

我相信了解思想力作用的人，可以讓他自己成為他想要的任何樣子。

我相信心靈不但能指揮一個人的身體，而且一個人以正面思想取代負面思想後，還能改變環境，「運氣」、情勢。我知道，「我可以而且我會去做」的態度會推動一個人朝成功邁進，這在處於「我不能」階段的人看來好像是奇蹟。

我相信「思想是實體的東西」，而思維世界裡的吸引力法則會把一個人渴望或害怕的東西吸引過來。

我相信工作準則——相信要趕緊做。我相信「我做」，還有「我是」。我知道能利用心靈力量的人，以及會把那種力量化為行動的人，一定會像從訓練有素的弓箭手的弓射出的箭一樣，穩定地朝成功而去。

我相信四海之內皆兄弟。

我相信待人以善。

我相信人人要管好自己的事，並且讓其他人也有這種權利。

我相信我們無權譴責別人——「你們中間誰是沒有罪的，誰就可以先拿石頭打他」。

我相信仇恨的人是刺客；貪婪的人是小偷；貪慾的人是通姦者；罪行的來源在它的慾望。明白這一點——深入探查我們自己的內心，我們怎還能譴責別人？

我相信邪惡只是無知。

我相信「全面了解就能全心原諒」。

我相信每個人都有善良的一面，讓我們幫助他們表現出來。

我相信男人與女人完全平等——有時候，我認為女人可能要得到稍微多點平等。

我相信性愛的神聖性，但我也相信性愛顯現在精神與心靈層面，以及肉體上。而且，我相信，在潔淨的人，凡物都潔淨。

我相信人是不朽的——真正的自我是精神，它以心靈和身體為工具，並根據適當的工具顯現它自己。

我相信人類正快速進入一個新的意識階段，在這個階段，他會認識真正的自己，會辨認出我是誰——那個內在的重要人物。

我相信有所有事物本身以及它們的內在都有一股無窮盡的力量。

我相信，雖然現在的我們只有最微弱的無窮力，但我們仍會穩定成長到更深入了解它，會更接近它。就算現在我們只短暫瞥見它的存在——一種對絕對者整體的短暫覺察。

我相信最大的快樂存在於，一直以孩童信任人的態度看待絕對者，孩童對雙親的愛毫不懷疑，對他們的智慧毫不懷疑——把他的小手放在父母手中，然後說：「你引導我。」

我相信對絕對者有所感的人，那種嬰兒把他小小的、疲倦的頭貼在母親胸口的信任，也會覺察到微妙的回應壓力，正如嬰兒被吸引著更靠近母親的心一點。

威廉・沃克・阿特金森

第一部

思維決定成功的可能

第一章 成功之秘，就在我們自身

我們並非不認同成功這個主題，也非不相信成功有其秘訣；而是因為許多關於「成功」的書籍內容盡是老生常談，讓我們猶豫是否該擔任教導成功的教師。在紙上寫下洋洋灑灑的好建議很簡單，說比做更容易，制定規則也比實際演練更加輕而易舉。如此一說，您也許就能明白我們猶豫的原因。教師的角色會讓我們受人質疑，讓人認為我們只不過是那些雖然傳授成功之道，卻常講「照我說的做，不要照我做的做」的教師罷了。

然而凡事總有另一面。我們除了提及學童和雜誌讀者熟知的「邁向成功的好品格」清單外，還準備一樣「特別的事物」。這個「特別的事物」說明追求成功者都有某種內在特質，若經由行動展現則價值非凡。這種內在特質不是規則，而是不折不扣的成功秘訣。本書將會解釋何謂「內在特質」，以及運用內在特質的人會有什麼好處。因此，請不要期待本書是

「由功成名就者彙編的成功不二法門，書中秘訣皆是成功人士熟知的規則，他們靠此大獲成功而有時間及意願教導他人。」本書不符合以上所述，而且與此大相逕庭。希望您會喜歡這本書，它將能隨時隨地給您幫助。

所有人都汲汲營營地尋求成功。人們對成功的定義也許不同，但眾人都渴望有所成就。成就（Attainment）體現出成功的本質，其中心思想乃是「立定志向並達標」。所謂成就，其實就是這麼一回事。

許多人努力指出通往成功的途徑。儘管有些人為追尋成功者提供寶貴協助，但是卻沒有人能講述成功的完整經過。這一點也不足為奇，因為在通往成功的道路上，每個人或多或少都得建立一套自己的準則。正如大自然喜愛變化，大家的本性也都不一樣；況且人人所處的環境皆不盡相同，再次證明世間變化無數。所以說，嘗試制定人人都能成功的通用規則是很愚昧的作為。你只要環顧四周，看見人們因有著不同需求而形成群體，自然就能領會制定通用的指導方針教人如何成功，實為無用之舉。成功人士的成功方法都不一樣，他們通常都有一些獨門訣竅。事實上，本性（Individuality）似乎在大多數的成功者身上扮演重要角色，因為本性使得人們在某種程度上不會依循規則或計劃行動。因此我們可說成功的基本原則就是：每個人都必須按照自己的本性行動，才能獲得成功，而非遵循既定的規則或行為準則。

若依方才所言，我們冒險寫出「成功之秘」似乎不太合理，特別是一開始就聲明制定關於成功的原則是不可能的。我們的說法雖看似相互矛盾，但你若稍加探究就會明白事實並非如此。我們確實相信每個人都必須按照自己的本性行動才能成功，而不是依循成規。這也就是「成功之秘」的由來。我們剛才提到要「按照自己的本性行動」，意思就是一個人必須先有本性，才能按照本性有所行動。人只要保有本性，就擁有成功的第一個先決條件。我們所說的「成功之秘」，其實就是人的本性。

每個人都有潛藏的本性，但很少人會表現出來。我們大多數人都像綿羊一樣，洋洋得意地跟在獨斷專行的領頭羊後面小跑著，讓領頭羊身上的叮噹鈴聲指引我們的腳步。由於我們在某種程度上認定領導者已然掌握知識、力量及思考能力的精粹，所以就沒有好好探索自己潛藏的力量與潛能。我們選擇讓潛能保持靜默，而繼續跟在領導者後面。人們在這方面和綿羊十分相似。綿羊很聽話，也很會效法同類，牠們從不思考自己要去哪裡，總是等到領頭羊帶頭向前，才會一窩蜂地跟在後頭。那麼，領頭羊為自己挑選最好的食物，而讓羊群吃雜草，這個現象有什麼好大驚小怪的嗎？一點也不奇怪。事實上，牠們之所以被選為領導者，正是因為具備自我肯定、自我引導的特質。牠們如果溫順地退到後面，就會被羊群擠到旁邊去。羊群將不再認同牠們是領導者，轉而支持其他奮勇向前的羊。

我們並非想喚醒你的領導精神，也不是鼓勵你想辦法領導他人。如果僅是為了領導他人的話，不過就是滿足微不足道的虛榮心而已。最重要的是好好把握自己的本性與進取心，做自己的領導者，建立自己的原則，其他人也應如此。真正的強者並不會在乎後方的跟隨者，這件事對他們而言並不會帶來任何滿足感，只有弱者才會因此感到喜悅，以此滿足他們狹隘的企圖心。歷代的偉人鮮少因群眾喝彩與追隨者的乖順性格而滿足，他們乃是從內心對力量和能力的信念中獲得更大的滿足感，並將這份信念化作行動。

本性確實存在，而且是我們與生俱來的特質。我們若好好運用，即可使本性得到良好發展並活躍起來。本性能表現自我（Self），也就是展現所謂的主我（I）。我們每個人都是獨立的個體，而且就個人表現而言，每個「我」和宇宙中其他的「我」都是不一樣的。我們若好好發掘，表現出主我的力量，即可成為成功的強者。其實我們都有這份潛能，一切僅取決於我們要不要讓它表現出來而已。「個體表現」就是「成功之秘」的核心所在，這也就是為什麼我們要以此命名，而我們也將在書中告訴你成功的秘密。你若學會這個秘訣，必定能從中得到回報。

第二章　了解主我，是掌握力量的第一步

上一章中，我們提到「成功之秘」主要在於個體的自由表現，也就是表現所謂的「主我」。但是你必須先明白內在的「主我」究竟是什麼，才能將這個理念融會貫通。對許多人來說，這段話一開始也許看來荒謬可笑，然而當你充分了解背後的理念後，這段話將會對你極有幫助，因為你得先真正了解主我之後，力量才會隨之而來。

如果你停下來看看自己，你會發現你自己比一開始所想像的更複雜。首先你擁有主我（I），也就是真我（Real Self）或個體（Individual），而依附於主我的則是客我（Me），也就是你的個性。若要證明這點，就得先讓主我檢視客我，接著你會發現客我其實包含三個層面：第一是「身體」，第二是「生命能量」，第三則是「思想」。許多人習慣將身體視為主我的一部分，但他們若稍微思考一下就會明白，身體不過是一種物質的外殼，或者說是展現「主我」的機器。你只要多花一點心思就會注意到人也許能清楚意識到「我是誰」，但是對

身體的存在卻渾然不覺。既然如此，這就代表「主我」不需要依賴身體，而身體則落入「客我」的範疇。就算「主我」消失了，身體依然有可能留存，畢竟已死的軀體也不是「主我」的一部分。身體由無數的粒子（particle）所組成，這些粒子無時無刻地變換著，我們現今的身體與一年前的身體完全不一樣。

接著是「客我」的第二個層面：生命能量，也就是人們口中的生命。人們認為生命能量不需要依賴身體，畢竟是它給予身體充沛的活力，然而生命能量也同樣稍縱即逝，而且瞬息萬變。人們很容易覺得生命能量只是用來給予身體活力，是「主我」的一種工具而已。既然生命能量只是一種工具，那就代表它也屬於「客我」的層面。那麼，到底有什麼東西可以留給「主我」，好讓它確定自己的本質為何呢？答案當然是頭腦，我靠頭腦來判斷你說的是不是實話。但請等一下，我剛剛一談到頭腦是說「我靠它來判斷」。這麼一來，我豈不是承認頭腦也得靠「主我」才能運作嗎？但是請你想一想，你能控制你的頭腦嗎？你知道你的心態有變化，情緒會變化，心情也隨著時間推移而有起伏，你的想法和念頭不見得一致，而且會受到外在環境的限制，甚至受到「主我」，也就是所謂的「真我」控制。這就表示在心態、想法、感情、念頭……等等的背後，一定有某種事物在這之上，而且非常了解它們，就像一個人不僅了解某個事物，還知道怎麼運用它一樣。當你說：「我覺得」、「我認為」、「我相信」、「我知道」、「我將會」的時候，哪個才是「真我」呢？到底是方才提到的心態，還是產生種種心理現象的「主我」？頭腦本身並沒有辦法了解什麼，而是「主我」運用頭腦去理解。如果你從來沒有做過這方面的研究，這些話對你而言可能有點深奧，但是你只要再多想一下，就能理出這些話的頭緒了。

上述所提並非單單為了讓你了解形上學、哲學或心理學的概念，市面上有許多書籍針對這些理論提出詳盡的論述，所以這並不是我們提到這些觀念的原因。真正的原因是因為透過了解「主我」，才會有某種力量從你身上顯現出來，使你變得更強大。當你意識到「主我」之後，你會在它清晰且生動活潑的影響底下感受到一股前所未有的力量與存在感。你必須先注意到內在的「主我」，才能夠明白你的獨特；而你也得先明白你的獨特，才能表現出本性。

「客我」其實就是所謂的個性，也就是你外在的行為舉止。個性是由無數的特質、特徵、習慣、想法、表情和動作所組成的，而你向來認為這些特色和個人特徵代表真正的「主我」，然而事實並非如此。你知道個性的概念從何而來嗎？讓我們來告訴你。你去查一本不錯的字典就會發現這個詞是從拉丁文的面具（Persona）而來，意思是「古代演員所使用的面具」。面具的拉丁原文則是由sonare和per兩個字所組成，sonare的意思是「聲音」，per的意思是「透過」。所以這兩個詞合起來的意思就是「讓聲音透出去」，也就是指演員的聲音透過代表某種個性或角色的面具表現出來。時至今日，韋伯字典仍解釋「人」（Person）這個詞的意思是：「劇中扮演的角色；假想的人物。」個性代表著你在偉大的人生舞台、在宇宙的舞台上所扮演的角色，而隱藏在個性面具背後的真實個體就是你自己，也就是你真實的自我。當你說「我是」的時候，你會意識到「主我」，也正是這句話證明你的存在和潛能。個體（Individual）是真實存在的，它既無法被分割或削減，也不會被外部力量傷害。你是個體，是真正的自我與「主我」；你被賦予了生命、頭腦和力量，也能隨心所欲地運用它們。一位名叫奧爾的詩人寫道：

「我乃萬千世界之主
自古以來統御全地
周而復始的日日夜夜
我審視著他們的行為
當我解脫之時
時間將會停止
因我擁有人類的靈魂」

第三章
靈性——統御一切的本質

對許多人來說，本章的主題「靈性」（spiritedness）似乎和精神、不具形體的存在、靈魂，或是某種更高層次的事物有關，畢竟我們常用精神（spirit）來形容靈性。雖然靈性在本書的涵義不太一樣，但是許多研究超自然與靈體的資深教師和學者也認同這個用法。韋伯字典對「精神」一詞的解釋如下：「元氣、活潑、熱心、熱忱、勇氣……等等」，該字典也將「有精神」（spirited）一詞定義為：「充滿活力的、生氣蓬勃的、活潑的……等等。」這些解釋會給你一點提示，讓你知道我們怎麼定義靈性，但是這個詞的涵義其實不只如此。

對我們來說，「精神」這個詞表達普世力量（Universal Power）真正的本質，亦體現於人類作為其存在的中心和根本的力量，也正是這股力量使他成為獨立的個體。靈性並不等於空靈、自命清高、超凡脫俗……等等特質，靈性指的是某種活躍的狀態，充滿了活力。所以靈性事實上滿帶力量和活力，而這股力量與活力的來源是源自人存在的核心，也就是「我是」（I AM）的心理意識層面。

不同人表現靈性的程度都不一樣，動物也是如此。靈性是生命根本且原始的特質與表現，並不仰賴文化和禮教。靈性的發展似乎仰賴於對內在特質（個體力量）的直覺認同，其中個體力量源於我們表現出來的普世力量，甚至有些動物似乎也擁有這股力量。

最近一篇講述馴服動物的文章提到高等動物對靈性的本能理解。文中提到「兩隻雄性狒狒若被關在同個籠子裡，牠們會呲牙裂嘴的向對方嘶吼。但是其中一隻狒狒就算擁有恐怖的獠牙，只要牠的嘶吼聲中有一絲顫抖，就會立刻淪為弱者，不戰而敗。其實大型貓科動物也是如此。如果把兩隻、四隻或十幾隻獅子放在一起，牠們很可能無須經過任何比試，一下子就能知道哪隻獅子具有王者風範。之後這隻獅子就可以先挑肉吃，其他獅子得等到牠吃完才可以開始吃，牠也可以優先喝到新鮮沁涼的水。簡單來說，這隻獅子就是『籠中之王』。那麼，當馴獸師帶著一隻獅子走進巢穴，而這隻獅子只是滑稽地模仿獅子王的態度的話，牠也只不過是匹夫之勇，完全無法挑戰領導者的權威。」

你會發現該作者在文中清楚指出，獠牙最恐怖的狒狒不見得是老大，獅子王也不一定靠外在的打鬥主張自己的統治權。真正的原因其實比外在因素更奧妙，能展現出動物的靈魂品質。人也是如此，正如統治者不見得是體格上最強壯的人，他們之所以能統治是因為具有神秘的靈魂品質，也就是我們所謂的靈性，但人們通常稱其為「氣魄」。當兩個人彼此接觸時，他們之間會產生心靈的掙扎。這段期間他們甚至連半個字都沒說出口，但是當兩雙眼睛凝視彼此時，他們的靈魂展開一場搏鬥，某種微妙的事物在兩人之間糾纏不清。雖然一切僅在彈指之間劃下句點，但勝負卻在那一刻分出高下，交戰雙方都能依情勢判斷自己是贏家還是輸家。其實他們不見得對彼此抱有敵意，然而兩邊似乎都會意識到他們之間有些問題須立即解決。他們也許能成為最好的朋友，但總是由某個人帶頭。一般常識中的體能、智力或文化並不能使人贏得領導地位，關鍵乃是基於對某種微妙品質的體現及認識，其實就是我們口中的精神。

人們因為使用「精神」這個詞彙，而在不知不覺之中認同自己與他人的素質高低。我們常聽到有人沒精神（lacking spirit）、無精打采（spiritless）、意志消沉（spirit broken）……等等。精神在這裡的意思也等同於鬥志（mettle）。根據字典，我們可說一匹馬威風凜凜（mettled），或是某個人興高采烈（high-spirited）。字典也將精力充沛（mettlesome）解釋為精神飽滿（full of spirit）。這樣一來你就能明白我們怎麼使用這個詞，然而我們尚未說明「靈性」的由來是什麼。純種賽馬的飼育員會跟你說有靈性的馬參加競賽，往往會遙遙領先，而且跑得比具有優勢體格特徵、但靈性或品種較劣的馬還要更快。馬術師堅信其他馬能辨識靈性，即使牠們也許在賽跑方面更勝一籌，然而由於受到某匹馬的靈性影響，牠們變得灰心喪志，任由自己落敗。就某種程度來說，靈性是所有活物皆具有的基本生命力，也能在人的自我中成長茁壯。我們接下來將提到人類展現靈性的幾個例子。

小奧利弗・溫德爾・福爾摩斯（Oliver Wendell Holmes）在一本著作中生動描述兩個男人靈性上的衝突，他寫道：「科伊諾爾的臉氣得發白，使得他那藍黑色的鬍鬚看起來相當恐怖。他憤怒地咧嘴獰笑，抓著一只玻璃杯，彷彿要把杯裡的液體潑向對方。年輕的馬里蘭人注視著他，目光澄澈而堅定，他雖是漫不經心地把手放在科伊諾爾的手臂上，但科伊諾爾卻覺得他自己無法移開那隻手。他辦不到，因為這個年輕人就是他的主人。他們在擁抱彼此的五秒鐘內用眼神角力，在這場角力中，科伊諾爾被對方壓得喘不過氣，於是未來七十年的相處僅靠一場比試就分出高下。這就好比農家庭院裡的兩隻雞，一隻是鬥雞，另一隻是普通的雞，牠們幾番跳踢攻擊彼此之後便勝負已分。落敗的一方得在往後的日子裡，展現出『先生，您先請』的姿態。」

福瑟吉爾（Fothergill）說：「艾蜜莉・勃朗特（Emily Bronte）在霸道的希斯克里夫*（Heathcliff）身上，勾勒擁有強大意志之人的理想樣貌：一個高大強壯的暴徒。但這是女性對壯碩男人的看法，我也遇過一些戴著眼鏡、看起來安靜又和氣的人，他們一下子就能讓惡漢認清誰才是真正的老大。」

關於靈性，歷史上有個著名的事件就是林肯主教雨果（Hugo）和獅心王理查一世（Richard Coeur de Lion）在安德利岩（Roche d'Andeli）教堂的會晤。理查一世為了參加諾曼第戰爭，要求所有的公爵和主教提供更多物資及金援，但雨果主教卻拒絕提供人力與財力。他認為林肯教區雖然在法律上有義務，為英格蘭王國四海之內的軍事行動提供人力和錢財，但是諾曼第戰爭並不在其管轄範圍之內，所以他選擇違抗國王的命令。理查一世以「獅心王」的外號聞名，也就是說違抗他相當危險。當理查一世將雨果主教召到諾曼第，而主教卻在獅子洞裡公然抗命時，大部分的人都心知肚明主教的下場，認為主教垮台在所難免。主教來到諾曼第的時候，兩名友善的男爵向他告知國王對他感到非常憤怒，並建議他在覲見國王前，最好先捎個語調謙卑的求和口信到國王那裡，但主教卻拒絕這麼做，他大膽地前去覲見國王。主教進去教堂時，理查一世當時正在做彌撒。雨果走向他，絲毫不在意他的不悅，對他說：「國王陛下，請親吻我吧！」理查一世氣沖沖地轉過身，拒絕回禮。但雨果卻

＊希斯克利夫是艾蜜莉．勃朗特的著作《咆哮山莊》（*Wuthering Heights*）當中的角色。

注視著他的雙眼，並用力搖他的肩膀，再次重申自己的請求。國王既生氣又懊惱地吼道：「你不配。」雨果反駁說：「我配」。他更用力搖國王的肩膀。國王的目光逐漸從主教的雙眼移開，給予王者的回禮並親吻他。於是主教平靜地從他身邊走過，開始服事禮拜的儀式。後來，雨果在議事廳裡公然抗命，堅持拒絕國王的要求，甚至大膽指責國王對王后不忠。在場的議會成員對此大吃一驚，因為他們清楚理查的膽量和火爆脾氣，他們原本以為雨果即將大難臨頭，但雨果卻在這場靈性的角力中獲勝。歷史學家對此表示：「這頭獅子暫時被馴服了。國王雖然什麼都不承認，但還是壓抑住怒火。後來國王說：『如果所有的主教都像林肯主教那樣的話，我們的王子沒有一個能在他們面前抬起頭來。』」

其實這位勇敢的林肯主教並非第一次讓國王心服口服。雨果早年方獲亨利二世（King Henry Plantagenet）任命主教後不久，就和國王陷入一場激烈的爭辯。某天亨利二世待在伍德斯托克宮（Woodstock Park）受群臣環繞之際，雨果朝他走去。國王假裝沒看見主教，也沒有去注意他的一舉一動。一陣緊張的沉默之後，主教把一位有權有勢的公爵推到一旁，強佔了他的位子並坐在國王旁邊。當時國王假裝自己正在修補皮革手套，而主教一派輕鬆愉快地在一旁說：「陛下讓我想起了您在法萊斯（Falaise）的表親。」法萊斯是亨利的祖先羅貝爾公爵（Duke Robert）與皮匠之女阿洛塔（Arlotta）相遇的城市，後來阿洛塔生下羅貝爾的私生子，也就是赫赫有名的征服者威廉（William the Conqueror）。主教肆無忌憚地暗諷國王的祖先，讓國王對此實在承受不起，他在這場交鋒中被狠狠修理一頓，於是後來就答應了主教的請求。

然而正如福瑟吉爾所言：「如果你認為這種意志會展現在任何場合，那就大錯特錯了，事實遠非如此。意志時常傾向隱藏自我，通常你很難在和樂融融的外表之下發現它。有些人會表現得彬彬有禮，彷彿沒有自己的意志，顯然他們的存在僅僅是為了做他人認同的事而已。然而時機一旦成熟，他們潛藏的意志便會顯露出來，我們就會看見溫柔的外表下其實藏著剛毅的性格，這是千真萬確的事實，這也是外交家的秘密。塔列蘭*（Talleyrand）就具備這個特質，他是一位冷靜、勇敢且成功的外交家。加富爾†（Cavour）也是如此，而且他懂得妥善運用這份力量。但像是吹大話和吹牛的人就沒有這個本錢。」這種奧妙而微弱的力量平時潛伏在檯面之下，不留一絲痕跡，但它在必要的時候，就會如電火花般迸發光芒，並統御一切。這種關鍵的力量具有無法抵抗的威力。

---

* 塔列蘭（Charles Maurice de Talleyrand-Périgord）是拿破崙時代首屈一指的法國外交官。

† 加富爾伯爵（Camillo Benso Conte di Cavour）是義大利的政治家，也是義大利統一運動的領導者。

第四章 我們都有成就偉大之事的潛力

大多數人從日常的生活經驗可得知我們有生理上的「第二春」（second-wind）*。我們可能做了一些體能活動之後，就發現自己氣喘如牛、呼吸急促。雖然我們很想停下來，好讓疲勞的身體休息一下，但是我們也透過自身經驗發現，如果我們能堅持下去，通常身體的痛苦感不僅會消失不見，我們還會得到「第二春」的力量。長久以來，生理學家反覆思考著生理上的「第二春」究竟從何而來，然而即使到了今日，他們也無法提出一個良好的臆測，解釋這個現象的根本原因。第二春彷彿開啟了體內活力的儲藏庫，取出潛藏在體內以備不時之

---

* Second wind又名「再生氣」，是一種生理現象，指的是人在運動過後剛開始氣喘吁吁，過沒多久卻感覺到身體莫名輕盈的狀態。

需的能量，使人有了全新的開始。所有運動員對於這個特殊的生理現象非常了解。這種現象已然是一個明確的事實，因此其真實性無庸置疑。

研究往往顯示出自然界在心理和生理層面的運作上，具奇特的相似之處。正如我們在生理上有「第二春」的力量一樣，我們的內心其實也具有儲備力量與潛能的儲藏庫，讓我們可以靠此重新出發。如上所述，生理的「第二春」所產生的現象，幾乎和某些心理現象一模一樣。例如當我們進行乏味的腦力活動時，可能會感到疲乏困倦，但是當我們全心投入的時候，就會感受到新能量的注入。我們便能帶著滿滿的腦力「第二春」，滿懷新鮮、活力與熱情繼續工作，而且成效遠遠超越原本的努力。我們已然創造出嶄新的腦力泉源。

多數人幾乎沒有意識到我們內在儲備的心理能量。我們常用一貫的步伐在人生路上慢跑，以為自己已經盡力做到最好，也從生活中得到了一切。我們覺得自己已傾盡全力地展現自我，但我們實際上只停留在「第一春」的心理狀態而已。在我們活躍的精神狀態之下，其實還儲藏著美好的心理能量。這種潛藏的力量正等待著意志發號施令，才能有所行動、向外表現出來。我們遠比自己所想的更強大，我們若能明白這點，就會知道自己是力量的巨人。我們之中許多人就像年幼的小象一樣，任由自己在脆弱人類的操控底下展現看家本領，很少想到潛藏在自己體內的偉大力量。

如果有人讀過我們所寫的小書《內在意識》（*The Inner Consciousness*），就會想起書中提到位於平凡外在意識層面以上和以下的區域。隱藏起來的心理層面之中藏有著無限的可能性，也有達成偉大心靈任務所需的要素，以及促成美好成就的動力來源。然而問題是我們沒有意識到這些能力的存在，僅用平常的步調表現自我；另一個問題是我們缺乏行動的動力，缺少做大事的雄心壯志，而且也不想變得更堅強。「變強」的念頭是生活最大的動力，渴望則是催生意志蒸煙上騰的烈火。我們若沒有動機，也沒有渴望的話，將會一事無成。若將強烈、真摯且熊熊燃燒的渴望，化作生命的力量與採取行動的強大動力，我們就能獲得精神上的「第二春」，甚至是「第三春」、「第四春」、「第五春」，我們可以挖掘出源源不絕的內在力量，使我們能創造心靈的奇蹟。

各行各業偉人的成就雖然讓我們感到驚奇不已，但我們往往為自己找藉口，盡說些可悲的言論，認為這些人似乎才有這種本事，而我們沒有。才怪，我們其實都有能力做出比現在更偉大上百倍的事。問題不在於將事情做得更好，也並非缺乏力量與心理能量，而是我們缺少渴望、興趣，以及激發內在龐大潛能的動機。我們內在的力量其實跟其他的自然力量一樣，汲汲營營地想顯現並表達自我，但我們卻不懂得加以運用。沒錯，對於所有的自然力量而言，這種汲汲營營的心情一旦被囚禁在毫無變化的景況之中，它們就會迸發出某種渴望，想去到外面變化多端的環境展現自我。這似乎就是生命和大自然的法則。大自然與其中一切的事物似乎都渴望著主動表現自我。有時當你面對較大的壓力時，你的內在潛能彷彿就要衝破限制，迫使你趕緊積極行動，你豈不曾對此感到驚訝嗎？你是否也曾在緊急需求的壓力下，完成平常不可能達成的任務呢？你是否也曾在準備好執行任務的時候，感覺到自己蓄勢待發，情況和平時無所事事的你完全不一樣？

認真和熱忱正是使潛能與蟄伏的心理力量發揮作用的兩大要素。你不需要站在一旁，等到自己有熱忱之後才開始行動；你可以透過完善的意志訓練，好好訓練自己運用意志力，想辦法控制住心靈的油門，這樣就可以在必要的時候慢下來，接著全力以赴。你一旦掌握這個訣竅就會發現，在高壓下奔馳，其實並不會比緩慢爬行更累。這個訣竅就是成功的祕訣之一。

對於許多人而言，「意志」這個詞僅僅意指心靈的堅定，意近於決心與目標堅決。對其他人而言，意志是一種渴望，或是選擇的力量……等等。但對於神秘論者來說，意志的意義遠不止如此。意志是一種極重要的力量，也是心靈的動力，能夠支配並管理其他的心理能力，也能超越個人精神感官的侷限，進而影響他人。正是這層意義讓我們在本章節使用「意志」這個詞。

我們無意帶讀者踏進幽微的形上學領域，或是走上相對輕鬆、但仍然艱苦的科學心理學之路，但我們必須要了解意志力，以及它和主我的關聯。綜觀所有的心理能力，意志和人的自我最相近。意志是握在自我手中的權力之劍。一個人也許在思想上會和其他的心理能力及精神狀態分離，但是當他想到「主我」時，他必然會知道「主我」具有掌控意志的力量。意志是「主我」最原始的力量，而且會一直伴隨「主我」直到生命的末了。這是一個人（應）統御身心的力量，也是他的本性於外在世界中所展現出來的力量。

渴望是促使意志有所作為的強大動力。正如我們已指明意志的行動若缺乏渴望當動力，實在難以想像。由此可見，培養渴望及其正確的發展方向是讓意志得以彰顯的通道。你得先培養渴望，才能讓意志沿著通道流動。透過用類似的作法培養渴望，你就能建立一條條的通道，讓意志可沿著這些通道流動，朝實現自我的方向前進。請務必在腦海中勾勒出一個畫面，列出你想要的事物，如此一來才能清楚規劃你的渴望通道；也請務必反覆留意並自我暗示，才能讓你的渴望通道銘刻在心版上。

歷史上有很多人開創意志的用途。請注意我們說的是「開創用途」，而不是說「開創意志」，因為人並不用開創意志，他可以隨時運用意志。人不僅發展出使用意志的能力，並且也要精益求精。我們常用以下的比喻作說明，目前也找不到比這更貼切的形容：人類就像是一輛電車，他的心靈集電桿會碰到意志的電纜。意志力的電流順著這條電纜流動，「輕觸」心靈好讓它接收能量，才能使其移動、行動並展現電能。然而電能是在電纜中流動，所以展現電能的關鍵在於讓集電桿碰觸電纜，才能接收電能。你若能記住這個概念，就會更容易在日常生活中運用這個真理。

某位推動鋼筆和電鍍產業的偉人在這方面有很深的造詣。有人這麼形容他：「他從一開始就具有強大且勢不可擋的意志。他無論反對誰或反對什麼事物，最終都會成功。」巴克斯頓*（Buxton）說：「我活越久就越確信在人與人之間、弱者與強者之間、偉人與平凡人之間極大的不同就是活力，就是一種勢不可擋的決心，是立下目標後不成功便成仁的信念。」正是這種特質可以讓人完成世界上任何事。人若缺乏天賦、環境與契機，就不過是兩條腿的生物而已。在上段和上上段引述中，決心、毅力與意志三者理念緊緊相連。既然它們之間關係密切，意志就應緊密、迅速且堅定地處理應完成的工作，就好比人得緊緊握住鋼鑿，雕刻車床上的物體，等到工作完成才能鬆手。人僅靠決心或毅力難以有所作為，還需要有負責切割與塑型的意志，否則一切都是枉然。然而意志其實有兩個面向，它會一面起作用，一面迫使大腦繼續執行任務。因此意志可說是支撐決心和毅力的力量，也是做事的力量。意志是鑿子的尖端，也是緊握鑿子作工的手。

辛普森（Simpson）曾言：「強烈的渴望與孜孜不倦的意志能實現不可能的任務，完成冷感軟弱的人眼中視為不可能的事。」迪斯雷利（Disraeli）曾言：「我沉思良久終於明白，一個擁有堅定目標的人必定能達成目的，一份鞠躬盡瘁的意志亦無人能擋。」福斯特（Foster）也說：「令人驚奇的是，即使是受害的一方，似乎也會臣服在不向人低頭的精神之下，並在挫敗人的強大意念面前卑躬屈膝。有趣的是，當一個人堅毅果敢的精神獲得認可之際，他周圍的環境會變得十分開闊，使他得以自由。」米切爾（Mitchell）曾說：「決心讓一個人展現自我，他所展現出來的並非軟弱的毅力、粗淺的決心、搖擺不定的意向，而是強大且堅持不懈的意志，足以戰勝所有的難關和險境，好比一個孩子雖在嚴寒的冰天雪地之中踽踽獨行，然而他的目光十分堅定，伴隨著脈搏強烈的跳動，朝遙不可及的目標前進。意志能使人成為巨人。」

所以，請舉起心靈的集電桿，碰觸意志的電纜吧！

---

* 湯瑪斯・福維爾・布克斯頓（Thomas Fowell Buxton）是十九世紀初期的英國議員。

第五章　靈魂的力量

你常聽到熱忱（Enthusiasm）這個詞，也常常提到它，但是你有沒有想過這個詞的真正含義是什麼？它的起源與核心理念又是什麼？很少人想過這些問題。熱忱（Enthusiasm）源於希臘文，意思是「受到啟發」、「神靈附體」……等等，原本指的是一個人受到啟發，被某種強大力量影響的心理狀態。這個詞一開始的意思是「獲神力啟發；狂喜……等等。」根據韋伯字典的說法，熱忱現在的意思是：「點燃靈魂的熱情；熱烈且充滿想像力的熱情或興趣；生動表現喜悅或熱情……等等。」然而這個詞如今已衍生出負面涵義，如：「空想的熱情、充滿幻想的狂熱……等等」。它真正的本意應該是一種對事物充滿強烈熱情和興趣，能喚醒一個人的內在力量。真正的熱忱指的是一種強大的心理狀態，會強烈支持或反對某種想法。

充滿熱忱的人似乎確實是受到某種高於自己地位的力量鼓舞，於是能汲取某種平常不曾意識到的力量泉源。於是他變得像一塊大磁鐵，朝著四面八方散發吸引力，影響著勢力範圍內的人。熱忱能傳染給他人，一個人真正體會何為熱忱後，熱忱就會使他變成吸引人的力量泉源，並成為心理影響的核心。但是他所充滿的力量並非源於外在，而是源於心理或靈魂的某個區域，也就是源於他內在的意識。讀過小手冊《內在意識》的人很容易就能理解這種力量源自心靈的哪個部分。親身經歷這份力量的人們一認可熱忱的力量，這份力量就成為他們真正的「靈魂之力」。

人若不具有一定程度的熱忱就不可能成功，永遠都不會。人際往來間沒有任何力量能與熱忱相提並論。熱忱涵蓋真誠、專注和力量，很少人能在他人展現熱忱的情況下不受影響，也很少人意識到熱忱真正的價值。很多人因為擁有熱忱而成功，也有很多人因為缺乏熱忱而失敗。熱忱是推動心理機器的蒸汽，幫助我們達成偉大的人生成就。如果你對某件事沒有半點興趣的話，你就沒辦法妥善地完成這件事。熱忱是什麼?興趣加上靈感就是熱忱。藉著熱忱的力量，生活中的偉大事蹟才得以展現並成就。

熱忱不是某些人才有的東西，畢竟所有人都有這種潛在的特質，但只有少數人能表現出來。大多數人很怕「感覺」，也不敢讓這種感覺像引擎內的蒸汽一樣，強而有力地展現自我。大多數人不知道怎樣才能產生熱忱的蒸汽。他們無法讓興趣與渴望之火在心靈的鍋爐底下持續燃燒，結果導致他們無法產生熱忱的蒸汽。你只要好好培養對工作的興趣與熱愛，就能生出熱忱。興趣、信心和渴望都能激發熱忱，你可以集中熱忱，讓這份力量影響你想推動的人事物，也可以讓熱忱消散在空氣中，而且毫無成果。熱忱就像蒸汽一樣，可能會飄散無蹤，也有可能受到妥善運用，一切全在於你是要專心致志以產生成果，還是要愚昧揮霍導致徒勞無功。你對一件事越有興趣，就越有信心和渴望，熱忱的蒸汽便會從其中冉冉上升。所以請永遠記住：興趣是熱忱之母。

熱情的人天生在心態上較樂觀，正因如此，他身邊總瀰漫一種自信且滿心期盼的氛圍，這樣的氛圍往往會激起他人的信心，也會對他自身的努力有所助益。他的身邊圍繞成功的心靈光環，振動著成功的音頻，於是在他身邊的人也會不知不覺和他產生共鳴。熱忱是很有感染力的，一個人若擁有充分的熱忱，就會在無意間將自己的興趣、誠意和期望傳給別人。熱忱是個人魅力中重要的一環。熱忱是一種鮮活、溫暖且至關重要的心理特質，能讓擁有者和被影響的人怦然心動。熱忱和職場中常遇到的冷漠反應不同，冷漠導致許多筆生意失敗，很多好東西也因此被人「拒絕」。

缺乏熱忱的人被剝奪了大半的個人影響力。一個人除非能擁有熱忱這種溫暖又重要的特質，否則不管他的論點再好，提議再怎麼有價值，也只是徒勞無功，得不到好成果。仔細回想那些接觸過你的業務員，想想他們某些人是如何讓你感到背脊發涼，而另一些人則充滿熱切關懷與熱忱，使你不由自主地產生興趣並注意他們。分析一下你接觸過的人們給你的印象，再看看熱忱的影響力有多大；當你感受到一股熱忱時，記住它帶給你的影響。請記得：熱忱是心靈的動力。

幾天前，某所著名的大學在校內大廳立碑紀念一名校友。這名年輕人在一場暴風雨中拯救湖上十七個人的性命。他游到他們身邊，將他們一個接一個地帶回來。後來他因著過度疲勞而昏了過去，而他恢復意識後說的第一句話是：「孩子們，我盡力了嗎？」

這名年輕人的話帶出一個重要的問題。這個問題應當激勵每位真正追尋成功者，實踐這樣的生活和行動，這樣他才能肯定地給出答案。這個問題不是「我做了很多對不對？」或者「我和別人做了一樣多嗎？」，而是「我盡力了嗎？」

盡力而為的人永遠不會失敗。他總會成功，即使他傾盡全力的成果不是很亮眼，世界仍然會將勝利的桂冠放在他的頭上。盡力的人絕不放棄或逃避，他會堅守自己的職責，直到在某個特定的時間將最好的成果擺出來為止。這樣的人永遠不會失敗。

盡全力的人不會悲觀地問：「這有什麼用？」他對這種事不怎麼在乎，他只把心思放在工作上，若沒有做到最好，他不會滿意。當人真正能夠問心無愧地回答：「對，我盡了全力」的話，他其實也能得體地回答「有什麼用」的問題，因為讓人能全力以赴當然是有用處的，畢竟這就是人發展自我的歷程。

「有什麼用」這個煩人的問題似乎是某個悲觀的暗黑小惡魔發明的，好使人灰心喪志，做無謂的掙扎或懷抱著難以實現的願望，並讓許多人陷入絕望和失敗的泥淖。當這個問題浮現腦海時，請把它趕出去，改問自己「我有沒有盡力？」要知道一個肯定的回答其實可以一石二鳥，解決掉另一個問題。只要做事的基礎是建立在正確的精神及良好的動機之上，任何事對你而言都會「很有用處」。即使一個人在過程中不幸喪失性命，他依然是成功的。請看下段某篇雜誌文章提到一個故事。

這是一九〇一年初某艘德國煤油船在紐芬蘭（Newfoundland）海岸觸礁沉沒之後，船上一名水手的故事。失火的煤油船被沖到距海岸八分之一英里的暗礁上，而海岸線本身就像是一道牆，約有四百英尺高。天亮時，岸上漁民看到船身已面目全非，所有的船員和軍官也不見蹤影，只剩三個人還活著。其中有兩個人站在艦橋上，第三個人則在高處和船帆的繩索綁在一起。後來觀望的人看到一波大浪打向那艘船，將艦橋和站在上頭的兩個人捲走了。幾個小時過後，他們看見那個綁著繩索的人鬆開自己之後，用雙手使勁地捶打身體，顯然是想恢復幾近被繩索和嚴寒凍結的血液循環。這名男子隨後脫下外套，向懸崖上的漁民揮手，然後跳進海裡。人們第一個念頭以為他放棄掙扎、選擇自殺，但他並非那種人。他向岸邊游去，三度嘗試在懸崖底部的岩石上找到立足點。但是他失敗了，他三次被浪捲走。最終，他明白這麼做只是徒勞無功，於是再次往船的方向游去。正如撰文者所言：「在這危急存亡之際，一百個人之中有九十九個人放棄掙扎，讓自己溺死，但這個人卻沒有放棄。」

那個人經歷與海浪的激烈搏鬥後，總算碰到那艘船，想盡辦法地到船上去。他又爬到船帆繩索那裡，向懸崖上一群愛莫能助的漁夫們揮手。他不停地鞭笞自己，天黑之前都還能看見他向崖上的漁夫比手勢，向他們告知自己還活著，而且依然奮鬥不懈。隔天破曉時，漁夫們發現他的頭已垂到胸前，一動也不動，他在寒冷的夜晚中凍死了。雖然他失去了性命，但他那勇敢的靈魂已去面見造物主，而且無庸置疑的是當那人與造物主面對面時，他的雙眼將會堅定而勇敢地注視著祂，而非在羞愧或恐懼中卑躬屈膝。這樣的人確實配得面見他的造物主，因為他坦然無愧。作家喬治·凱南*（George Kenman）曾因此說過一段令人振奮的話：「那人雖於逆境中死去，但他奮鬥到最後。你可能會說這麼做很愚蠢，你認為當他發現自己無法在懸崖底部登陸時，讓自己淹死還比較容易從苦難中解脫。然而在你的內心深處，你卻偷偷地對他的勇氣、耐力與不屈不撓的意志深感佩服。他最終雖然戰敗了，但是只要他的意識尚存，無論是烈火、嚴寒或風暴，都不能摧毀他的男子氣概。」

白人很喜歡一句諺語：「英雄主義就是忍耐久一點。」正是這段「久一點」的時間更能說明「放棄者」和「盡力者」之間的差別。只要心臟仍在跳動，沒有人是死的；只要人還有一點鬥志，就沒有人是失敗的。「撐久一點」的時間往往就是形勢逆轉的時刻，也是敵人放鬆戒備、節節敗退的一刻。

---

* 喬治・凱南（George Kenman）是美國著名的外交家與戰略家，影響美蘇冷戰發展至深。

第六章　支配你的渴望

渴望（Desire）是什麼？讓我們一起來瞧瞧！韋伯字典告訴我們渴望的定義是：「對好東西的本能渴求；巴望得到或享有」，抑或從其負面涵義上來看則是：「過度或病態的渴求、慾望及食慾。」「渴望」是一個常常被濫用的詞彙，大眾通常認為渴望等同上述的負面涵義，而忽視了渴望最初且真正的意涵。許多人用這個詞表達無意義的渴求，而非真正涵義上的「抱負」（aspiration）、「有價值的渴求」……等等。就算稱渴望為「抱負」，在意義上仍然與渴望的涵義相同；即使用「值得稱許的目標和雄心」來換句話說，也無法消除渴望的特徵。渴望是面對不論好壞的行動時，普遍的本能衝動。極力逃避這個事實其實一點意義都沒有。沒有渴望，意志就無法展開行動，進而導致一個人一事無成。只有渴望的火焰和高溫激發意志的動力時，才有可能達成最高的成就。

某些神秘學的教義總是教導人要「抹殺渴望」，並警告學徒慎防渴望，即使是最隱密微妙的渴望也不能放過，甚至達到連「無欲無求的渴望都得避免」的程度。這是完全不合理的作法，因為一個人如果「希望」、「想要」、「傾向」、「認為最好」或「樂於」抹殺渴望，就算他用其他詞語代指這個行為，其實也不過是表現出一種「不渴望什麼」的渴望罷了。使用「希望、想要、覺得、傾向、喜歡……」等等詞彙來表達，也只是將原本平鋪直敘的渴望隱藏起來而已。在沒有渴望的情況下繼續「扼殺」渴望，就像一個人往上提起自己的拔靴帶（bootstraps），妄想這樣做能把自己舉起來一樣，實在非常不智。「抹殺渴望」真正的意思指的是神秘主義者應消滅心中較不重要的渴望，也除去對事物的「依戀感」。最後我們要說，真正的神秘主義者都明白，即使是最好的事物，也沒有好到能夠主宰人。也就是說，沒有任何事物能好到讓人的靈魂允許自己過度依賴它，導致事物能主宰靈魂，而非由靈魂掌管事物。以上就是神秘學教義的真諦：不要依戀。就這一點來說，神秘學的教師顯然是對的。渴望是一位可怕的主人，它如野火般摧毀靈魂的支柱，僅留下帶點零星火光的灰燼。但是渴望也像火一樣，是一名傑出的僕人，渴望的統馭能力使我們生出意志與行動的動力，也讓我們在世上完成許多工作。世界上若沒有適度的渴望，就不會有任何活動。因此，請別像你拒絕用火那樣，誤解渴望的用處。然而在這兩種情形下，你都要將掌控權握在自己手上，不讓掌控權從你手中轉移到渴望身上。

渴望是讓世界運轉的原動力，但我們卻很少承認這個事實。請你環顧四周，看看渴望對每個人的影響，其實好壞都有。正如一位作家所言：「我們做的每一件事，無論是好是壞，都是渴望驅使的。」我們之所以行善，是因為我們希望能在看見苦難時減輕內心的痛楚；抑或是因為我們擁有同情人的渴望；或是渴望在世上得人尊敬；或為了在另一個世界能過得舒適一點。一個人之所以善良，是因為他渴望善良，善良使他感到滿足；另一個人之所以殘忍，也是同樣的道理。一個人之所以盡忠職守，是因為他渴望這麼做，他從完美履行職責當中得到的滿足感，會比未盡職責所得的滿足感還要高。信教的人之所以虔誠，是因為他信教的渴望比不信教的渴望更強烈，因為他在宗教中得到的滿足，比起世俗追求所得到的滿足更高。有道德的人之所以合乎道德，是因為他的道德渴望比放蕩的渴望更強烈。我們所做的每一件事，都是由某種形式的渴望引起的。人無法在缺乏渴望的情況下行動。渴望是所有行為背後的原動力，也是生命的自然法則。無論是從原子到單細胞生物、從單細胞生物到昆蟲、從昆蟲到人類、從人類到自然，所有的行為都是靠渴望的力量，也就是生命的動力而推動的。

乍看之下，這一切似乎使人變成一台的機器，被腦海中乍現的渴望所操控，然而事實遠非如此。人並不完全按照所有的渴望行事，而是依照最強烈的渴望來行動，或是平衡眾多強烈的渴望之後再做事。這種平衡過後的渴望構成人的本性或性格。於是掌管「主我」的時刻到了！一個人若能掌握自己的命運，他就不用成為渴望的奴隸。他可以隨心所欲地控制、調整、支配和引領自己的渴望。不僅如此，他甚至可以透過意志的行動來創造渴望，我們很快就會見證這點。他可以基於對心理法則的認識，消除不好的渴望，並且成長、發展、創造出新的渴望，這些全是靠著意志的力量達成，並由理性與判斷為輔。人就是自己心靈的主人。

但是一些理性的批評者可能會反對這個說法：「是，這是事實沒錯，然而即使在這種情況下，渴望也並非決定性的動機，難道渴望在如願以償以前不能創造出其他新的渴望嗎？渴望難道一定是行動的先決要件嗎？」親愛的朋友，你的邏輯分析確實很縝密，但是所有資深的神祕學家都知道，渴望的原則有時會隱藏起來並與意志的原則融合；一位善於推理的心理分析師可能會想像出某種心態，人在此狀態下幾乎可說是展現出想要表達意志的心願，而並非僅僅是渴望而已。語言無法說明這種狀態，你得先有經歷才能領會其意。

我們已說明渴望是用人的力量創造出來的。人不僅是創造出渴望的主人，也能將渴望化為現實。上述說法正確無誤，而且現代心理學的最新實驗和發現亦證實如此。人類雖然在許多情況中像是渴望的造物，但人更能成為渴望的主人，甚至是渴望的創造者。他可以運用知識和意志重整秩序，將非法入侵者從心靈的王座上趕下來；他也能在他應得的崇高地位安坐，並命令上一任王者按照他的意願而行，服從他的指令。但是對於新王者而言，重整王宮的最佳辦法是辭退腦中一群討人厭的舊生物，並在它們原本霸佔的位置創造出新生物。具體做法如下：

首先，他必須先仔細思考他想完成的任務，而且要盡可能仔細、公正且客觀地判斷；若要任務圓滿成功的話，他也需要評估自我，看看自己有哪些不足之處。接著，他需要仔細分析眼前的任務，盡量將事情分得明確，才能從細節和整體看清楚事情的全貌。再來，列清單寫下完成任務的必需事項，這些項目並不是隨任務日日進展而衍生的細節，而是在任務圓滿達成前須先做好的一般事項。他對任務及其性質、自己的資歷與短缺進行評估後，再根據以下計劃開始塑造渴望。

塑造渴望的第一步，是先對任務及其整體的性質、事項與細節描繪出清楚且重要的心像（Mental Image）。所謂的心像是指一種清晰而獨特的心理畫面，能想像出上述所提的事物。請不要一聽到「想像」這個詞就不耐煩地轉過身，想像是另一個讓你產生錯誤觀感的詞彙。人們深信想像力只不過就是大腦純粹的空想，但它的意義遠遠不只如此。事實上，想像力所產生的成果之中，幻想僅僅是一個小影子而已。想像力是很實在的，它也是一種心智能力。

人藉由想像力可以塑造出事物的雛型和格局，受過訓練的意志與渴望則將其化為客觀的現實。人類用雙手和頭腦所創造的一切皆源於某個人的想像力。無論大事或小事，想像力都是創造的第一步。你腦海中的心像永遠都比物質形態更早產生出來，塑造渴望的道理也是一樣的。在你塑造渴望之前，必須先產生清楚的心像，來描繪你所渴望的事物。

你會發現，創造心像比一開始預想得要更難一點，因為你很難將自己所需的事物在腦海中想像出來，甚至連想出一個模糊的畫面都很不容易。但請你不要灰心，要堅持下去。因為這件事和其他事情一樣，需要透過練習才會熟能生巧。每當你試著塑造心像，它的模樣就會越來越清楚，細節也會越來越明顯。不要一開始就讓自己練習得精疲力盡，可以等一會兒再試試看，或者明天再練習也行。你只要透過長久的練習，很快就能在腦海中看見你所需要的事物，而且和你看過的事物一樣清楚。我們會在往後的章節，談論更多有關心像和想像力這兩個主題。

當你對於渴望的事物有了清楚的心像後，就可以培養注意力好讓自己全神貫注在這些事物身上。「注意力」（Attention）這個詞的來源是拉丁字Attendere，意思是「延伸」。這個詞最初的概念是：頭腦的注意力被「延伸」或「延展」到它所注意的事物身上。這個觀念正確無誤，因為這正是頭腦的運作方式。請盡可能多加注意這些概念，這樣你的頭腦就能緊緊地抓住概念，使它們變成自己的一部分。透過這種實行方法，你就能將這些概念深深銘刻在心版上。

當你用想像力和注意力，讓某個觀念在腦海中根深蒂固後，它就會變成你不可或缺的一部分，並開始在你的心中培養一種強烈的渴望，讓你渴求著美夢成真。它會要求你培養出完成任務所需的素質，也要求你將腦海中的畫面化為現實，並要求整體和細節都要表現出來。它也會在你向前邁進的過程中，考慮到更好的事物，而且這種事物必定會出現，並取代原本的東西。你的內在意識也會為你處理這些事。

然後，請你堅定、自信且認真地渴望。不要對你的要求與渴望三心二意，你得主張並要求整件事都會成真，也有信心它會變成客觀的事實。請你多想一想你所渴求的事物，夢想著它能成真，並時時渴求著它。你必須學習用最強烈的做法來渴望一件事，也就是要「極其渴望它」。「非常想要」這個念頭能讓你得到很多東西，但問題是我們大多數人渴望的程度並不夠。我們常誤認為模糊許願就等同於真誠且心心念念的渴望。請你好好渴望並要求某件事，就像你需求並渴望日常飲食一樣。以上就是渴望某件事時最強烈的做法。其實這僅僅是一個提示而已，只要你夠認真並迫切渴望的話，你還能補充更多細節，好讓你的美夢成真。

第七章　成為深具吸引力的渴望原子

自然界中有一個偉大的定律就是吸引力法則。從原子到人類，所有的事物都是因為該法則的作用而互相吸引。吸引力法則的反面也就是所謂的排斥力（Repulsion），但這也是展現該法則的另一種力。排斥力與吸引力相對，它的運作方式是根據事物的相異性質、對立以及對彼此無用處的前提，使得兩者互相抗拒對方。吸引力法則從物質層面到精神層面，甚至在生活的所有層面上皆為普遍的原則。這項法則的作用相當一致且持久，我們也可以透過研究某一層面的現象，去研究另一個層面的現象。由於同一種法則適用於每種狀況，所以它也會用同樣的方式產生影響。

我們可從構成原子的微小粒子、電子或離子當中發現吸引力法則。由於電子彼此相吸或相斥，某些電子會躍入現有的電子基團，並以一致且和諧的形態構成所謂的原子。直至不久以前，原子仍被假設成是構成物質的原始型態。當我們細看原子，就會發現原子間具有不同程度上的親和性與引力，從而使原子相互結合，變為構成各種物質的分子。例如，每滴水是由無數的水分子所組成；水分子則是由兩個氫原子和一個氧原子所組成，而且每個水分子的組成原子都是一樣的。為什麼原子都是用一成不變的組合與比例合成呢？這個現象當然不是偶然，畢竟自然界中沒有偶然，每種現象背後都有一項自然法則。在這種情況下，吸引力法則體現於原子組合，主宰所有的化學結合，也就是所謂的化學親和性（Chemical Affinity）。有時，一個附著的原子會接觸或靠近另一個原子。當原子飛離它的伙伴，投向另一個高親和性的原子懷抱時，分子就會爆炸。你會發現在原子的世界裡，其實也有結婚和離婚。

就分子來說，人們發現某些分子在內聚力（Cohesion）的影響下會被同種分子吸引，進而構成大量物質。金、銀、錫、玻璃或是其他形態的物質，皆是由無數個分子所構成的，而內聚力將這些分子緊緊結合一起，所以說內聚力其實就是吸引力法則的另一種形態。你也能在吸引力法則的背後，找到渴望和意志的根本原則。你可能一聽到渴望與意志和電子、原子、分子等各種形態物質有關，會感到不以為然，但請你先等一等，聽聽頂尖的科學權威怎麼說。

海克爾教授（Prof. Hakel）是世上最偉大的科學家之一，他也是一位唯物論者，對於精神科學的教導嗤之以鼻。即使他天生對唯心主義的理論有偏見，他也不得不說：「化學親和性的概念源於各種化學元素能察覺其他元素在本質上的不同。元素會在接觸彼此的當下感到愉悅或厭惡，因而產生某種變動。」此外，他肯定且明確地指出，原子一定有某種感應機制與渴望極為相似，藉此才能與其他原子接觸並相連，而且原子也有某種意志，能對渴望做出回應。大自然的法則從原子到人類，在物質層面、心理層面和精神層面上，皆是一模一樣的。

你可能會想問這一切與成功的秘訣有什麼關係？簡單來說，吸引力法則是其中一個重要環節，因為該法則往往會按照我們最真切的渴望、需求與意志，提供我們所需的人事物和環境，就好比它凝聚原子和其他粒子一樣。請將自己變成一個活生生的渴望原子，這樣你就能吸引合乎自己渴望的人事物與環境到你身邊。你也會和一群跟你思路相同的人們相處融洽，你會被他們吸引，他們也會被你吸引。你也會與某些人事物及環境建立關係，它們能為你的渴望找到出路。藉由偉大的吸引力法則的運行，你就能獲得合適的人事物。這一切並非來自巫術或魔法，也不是什麼超自然或神秘的現象，只是偉大的自然法則運行的結果。

即使你相當堅強能幹，生活中能獨自完成的事情也很少。人生一點都不簡單，人與人之間須相互依存才能把事情做好。一個人若和其他人分道揚鑣，他很可能會一事無成。他必須與他人合作、籌備、協調並建立共識，且與環境及事物和諧一致；也就是說他必須開創並運用合適的環境和事物，吸引他人與自己合作以便行事。藉著偉大的吸引力法則，這些人事物和環境得以來到他的身邊，他也能去到它們身邊。他運用渴望和心像的能力，讓吸引力法則得以運行。你現在看見其中的關聯了嗎？所以請小心地形塑、培養並展現正確的渴望。只要堅定持續地把握渴望，你就能讓這項偉大的法則在你身上運行，這是成功秘訣當中相當重要的一部分。

渴望力是引導生命進行活動的原動力。它是一種基本的生命力，讓生命充滿活力，並催促生命有所行動。人如果缺乏強烈的渴望，就不能成就名留青史的大事。一個人的渴望越強烈，他所產生並展現的能量就越強大，其他事物則無變化。也就是說，若讓一群人具備同樣的智慧、身體健康和心智活動，僅渴望因人而異的話，其中擁有最強烈渴望並表現出來的人，他的成就將遠超眾人。勝者之中，渴望猶如熊熊烈火般燃燒的人，將用他體內原有的力量稱霸群雄。

渴望不僅帶給人內在動力，使人擁抱內在力量，而且它的功用還不只如此。渴望能引發人本性中更細緻且微妙的心靈之力與生命力，這兩股力量就好比磁鐵的電磁波，或如發電機的電波朝四面八方蔓延，影響所有身處力場之中的人。渴望力是一種真實、活躍且有效的自然力，能將合乎渴望的事物吸引到正中央。精神科學和新思想*（New Thought）常談到的吸引力法則，其實相當依賴渴望的力量。渴望力是吸引力法則的核心，大自然也傾向將可以滿足渴望所需的事物，吸引至渴望的正中心。人天生的力量使得他「自己的意志來到他的身邊」，但是這股力量乃是隱於心理影響的種種現象之下。人為何需要具備強烈渴望才能有所成就？為何也須一併掌握心像的技巧，好將渴望的事物在腦中形成清晰的畫面來模擬現實呢？經上述的解釋後，以上兩個問題的答案已然非常明顯。

你有沒有與任何現代商業界的偉人接觸過呢？如果你看過這些人的行動，你就會意識到他們身上有一種微妙且神秘的特質。這是一種你能感覺到的特質，也是一種難以抗拒的力量，會吸引你接受他們的計劃，並符合他們的想法與渴望。這些人都擁有最強烈的渴望，他們的渴望力表現得非常強烈，深深影響了和他們接觸的人。不僅如此，從他們身上湧出的渴望力猶如巨浪一般，讓神祕論者表示這種力量將形成漩渦般的流動，繞著渴望的中心旋轉。這些人成為貨真價實的渴望氣旋，幾近影響並掃蕩範圍之內的所有人事物。我們豈不是從所

---

* 新思想運動（New Thought Movement）於十九世紀在美國開始發展，主要探討心靈治療、基督教、形上學等領域。

有偉大的人類領袖身上都能看到這個證明嗎？難道我們不明白正是萬能的吸引力法則使他們得以展現自我嗎？我們常稱這股力量為意志力，確實在某種層面上是如此，然而在這種情況下，意志力的背後其實還有某種吸引力作為原動力，這種吸引力就是熱烈燃燒的渴望。

渴望力是一種原始且基本的力量。其他動物以及原始人也擁有渴望力，而且他們的力量也許還比一般人更明顯，但這僅僅是因為他們未穿上文明的外衣。然而請記住，同樣的原則在文明生活光鮮亮麗的外表下也能展現出來。如果你願意看看光彩表面底下的真相，就會發現即使是深具文化修養的領袖，他們的渴望力和蓬頭垢面的兇猛野蠻人所持有的力量是一樣的。野蠻人往往赤身裸體，發瘋似地猛攻敵人，視對方如草莽。在從前的野蠻年代，渴望僅展現在物質層面上，但現在也能表現在精神層面上，這是兩者間唯一的區別，然而力量來源皆是同個源頭。

在我們撰寫本書之際，某齣剛上演的戲劇正好闡明這項原則。女主人翁出身於紐約某個古老的名門望族，她在夢中看見自己的前世。一位凶狠野蠻的酋長用他強而有力的臂膀，硬生生地讓她與居住在洞穴的父親分開，迫使她脫離父親的懷抱；這名酋長正是藉由身體的力量展現他的渴望。她從夢中醒來，不久後驚恐地發現夢中的男人居然走進她父親在紐約的生活。這個男人來自西部，他孔武有力、足智多謀而且野心蓬勃。他在金融競賽中擊敗了所有的對手。他和前世一樣用腳踩住敵人的脖子，但這次並非實踐於身體層面，而是從精神層面下手。他的內心依然對權力渴望不已，專橫的個性一如既往。這個男人說：「我從不退縮，毫無恐懼。」野蠻人內心燃燒的渴望，如今在這位華爾街之主的身上嶄露無遺。他運用渴望的吸引力與意志力，重現他在前世的作為，而且這次是展現在精神力量和成就上。這次他的精神取代了肉體，成為展現渴望的工具。

上述舉例僅為說明渴望是將意志化為行動的推動力，也能導致生活及人事物產生各種行動。渴望力是生活上實際的力量，不只影響個人的力量和成就，也吸引、影響並迫使其他人事物，朝著發出電流的核心前進。渴望是成功祕訣中極重要的一環。人若缺乏對成功的渴望就不會成功，而且是完全不可能。吸引力法則也是由渴望推動的。本書提出的多數原則都是很正面的命令，你被催促去做某些事情，並且不會反其道而行。然而，我們在此也須提出一些消極的建議，必須勸你別做某件事。我們提到思想和意志的劇毒是恐懼，但並未提及身體上的恐懼，儘管身體上的勇氣可能很重要，身體上的懦弱也同樣令人惋惜，但本書的目的並不在於反對懦弱，也非建議各位培養勇氣，畢竟這些想法在其他書中很常見。我們的目的是要打敗反對自我表達的狡詐敵人，它穿上散播心理恐懼的外衣，讓人產生負面想法，與本書提到的正面思維相對。

恐懼是一種心態，讓人戴上有色眼鏡看待一切事物，使人覺得一切彷彿皆是徒勞。「我做不到」的想法與「我可以」的心態形成對比。恐懼是心靈花園裡的有害雜草，往往會殺死花園裡的珍貴植物；恐懼就像膏油中的蒼蠅，也是在生命之酒的杯裡的蜘蛛。據我們所知，第一個使用「恐懼念頭」（fearthought）這個詞的人是知名作家霍拉斯．弗萊徹（Horace Fletcher），如今這個詞已在社會中廣泛使用，且在某種意義上取代「憂慮」（worry）二字。弗萊徹曾指出，憤怒與憂慮會阻礙心靈的進步與平衡，但是許多人卻誤會他的意思。他們疾聲呼籲，一個人若沒有憂慮，就代表他不為明天做任何打算，也不再預先計畫並審慎行事。於是弗萊徹發明「恐懼念頭」這個詞，好在他的「無憂規劃」理念當中派上用場。他將著作的第二本書命名為《先見減去恐懼念頭：幸福來臨》（*Happiness, as found in Forethought minus Fearthought*），這是一種非常正面的表達。弗萊徹也是第一位提出恐懼並非其本體*（thing-in-itself），而是一種害怕的念頭。他和寫過相關著作的人都表示一旦將害怕的念頭從心中除掉，恐懼也許就會消失不見。許多良師都認為驅逐恐懼（或其他不良心態）的最好方法，就是強迫大腦專心建立理想品質的心像，並以合適的自我暗示培養出對抗恐懼的想法。人們常說，處理漆黑房間的好方法不是把黑暗鏟出去，而是打開百葉窗，讓陽光照進來，這也是消除恐懼的最佳良方。

現代科學有充分的根據，說明心理過程是一種「振動」。藉由加速振動到達正向音高，負向振動就能被抵消。只要你能培養出本書建議的個人特質，這些特質就能幫助你消除恐懼的念頭。恐懼的念頭是暗中作祟的毒藥，它會透過靜脈蔓延全身，麻痺所有的努力和行動，等到你的心臟和大腦都被影響之後，就很難擺脫它的控制。失敗與人生低潮的根源就是來自恐懼的念頭。一個人只要具備勇氣和信心，他就能屢敗屢戰，堅定不移地面對敵人。然而，若讓他被恐懼的念頭影響，以致無法擺脫恐懼的話，他就無法再重新站起來，最後落得悲劇收場。「除了恐懼本身以外，沒有什麼好怕的。」此話所言甚是。

我們會在別的章節提到吸引力法則，該法則的作用是將渴望的事物吸引過來。然而這項法則也有相反的一面，因為它只能吸引、不能排斥。也就是說，恐懼和渴望一樣，都會使吸引力法則生效。正如渴望將一個人腦中渴望的事物吸引過來，恐懼也會將一個人害怕的事物吸引過來。「我害怕的事臨到我身上」背後的原因其實很簡單。當我們探討這個問題時，表面的矛盾就不見了。吸引力法則在渴望影響下所建構出來的畫面是什麼？當然是腦海中的畫

＊　本體又名「物自身」，不需靠人類的感知就能證明其存在，與靠感覺的「現象」相對，該詞由德國哲學家康德（Immanuel Kant）所發明。

面，因此恐懼也是一樣的。一個人若腦海縈繞著他害怕的事物，吸引力法則就會將這些事物吸引過來，就像它把渴望的事物吸引過來一樣。你有沒有想過恐懼是渴望的負極？同樣的法則乃適用於這兩種狀況。

所以要盡力避免自己心生恐懼，這種毒氣會使你的血液變黑變稠，讓你呼吸困難。恐懼的念頭好比一種有害物質，你若尚未將它從心中除去，就不應滿足。你可以用渴望與意志力，配合腦海中無所畏懼的畫面來擺脫它。請用無畏對抗恐懼，改變你的極性，並加速心靈的振動。有人曾言：「恐懼是唯一的惡魔。」既然如此，請將惡魔送回牠的歸宿之處，因為你若對牠殷勤款待，牠會把你的天堂變成地獄，好讓牠覺得自己像回到家裡一樣。請用心靈的巨棒將牠趕跑。

第八章　熱忱能感染他人

現今我們時常聽聞有關個人魅力的話題。個人魅力是一種特殊的心理特質，能使別人和散發魅力者同情共感。有些人發展出極佳的個人魅力，能在短時間內與他人和諧相處，另一些人則相當缺乏個人魅力，以致他們的存在往往使得眾人反感。大多數人毫無疑問地接受個人魅力的概念，但很少人會對相關理論表示贊同。

仔細研究過的人都知道個人魅力取決於人的心態，以及使他人「捕捉」到他心靈振動的能力。這種「捕捉」來自於所謂的心靈感應。感應的定義是：「某種具電能或磁性的物體在不直接碰觸的情況下，使另一物體產生相同的特性。」心靈感應可以表現出心理層面上的某些現象。人們的心態具有感染性，所以一個人的內心若充滿豐沛的活力與熱忱，他就能影響與他接觸的人。

在我們看來，熱忱是成功的心靈感應與個人魅力得以展現的主要因素。我們在本書另一章節提過熱忱，所以當你思考個人魅力時，讀一讀我們前面談到的熱忱會對你有所幫助。熱忱使人真誠，而真誠產生的效果最顯著。真誠的強大渲染力往往會使人不由自主地注意你。沃爾特．德懷特．穆迪（Walter D. Moody）是一位著名的銷售術作家，他很誠懇地說：「人們會發現，所有具備個人魅力的人都非常真誠。這份誠意具有強大的魅力。」幾乎所有學習銷售術的學生都會注意到這個事實。然而，真誠絕不僅是將一種堅定、自信且誠懇的信念，呈現在引人注意的事物當中。真誠必須鮮活且富有感染力，最好的形容就是「熱忱」：熱切的誠意。

熱切的誠意涵蓋許多情感，它吸引了人性的感性面，而非理性面。然而，一個基於理性與邏輯原則的論點，若以熱切真摯的態度加以敘述，效果會比冷淡無情的描述好上許多。由於一般人很容易受到心理的影響，所以活潑熱情的表現與個人魅力往往會能融化他們的心防。感性和理性一樣重要，但是感性更加普遍，畢竟大多數人很少思考，而每個人都會跟著感覺走。

一八七〇年代早期的一位作家曾說：「我們所有人都好像是一顆球體或一圈光環，從中展現自我本質。」敏感的人知道這點，狗和其他寵物也明白，飢餓的獅子和老虎是如此，即使是蒼蠅、蛇和昆蟲也是這樣，這也是我們付出代價才明白的。我們有些人有魅力，有些人沒有。有的人十分熱情迷人，喜愛鼓舞他人，喜歡交朋友；有的人冰雪聰明、考慮周到而理性，但不怎麼有魅力。具備後者特質的專家若發表演說，聽眾很快就會對他的知性演講興趣缺缺，而且昏昏欲睡。他雖然對著聽眾說話，但是卻沒有說到他們的心裡去；他讓聽眾思考，而非讓他們去感受，這對多數人而言是最無趣的演講作風。極少數的演講者能成功地讓聽眾專注在思考上，畢竟聽眾都喜歡得到實際的感受。人們雖然願意花大錢讓自己有所感受或開懷大笑，但一碰到能讓他們好好思考的課程或演講，就連一毛錢都不願意花。若要有人能和上述的學者競爭，最好是一個僅受過一點教育，卻很有愛心且成熟圓融的人，而且也具備前者九成的理性和博學。這樣的人反而能從容不迫地帶領群眾，而群眾個個神智清楚，對他所說的每句話珍賞不已。這個現象的原因顯而易見，因為心與腦相對，靈魂與邏輯相對，而前者總是百戰百勝。

如果你去觀察最有魅力的男女，你會發現他們都是有「靈魂」的人，幾乎無一例外。也就是說，他們展現並激起感受或情緒。他們表現出來的個性特質與演員極為相似。他們捨棄一部分的自己，這似乎也影響了與他們接觸的人。你如果去觀察一個毫無魅力的演員就會發現，他即使能完美演繹角色，舉手投足十分合宜，也具備專業技巧，但他仍然缺乏某種特質，也就是傳達「情感」的能力。現在，知道這個秘密的人都很清楚，許多成功的演員在舞台上看似豪情萬千，感情十分豐富，然而他們其實很少帶這些情感在演戲。他們就像留聲機，發出已經錄好的聲音。你如果再進一步調查，就會發現這些人在研究角色並練習演繹的過程中，會誘發某種情緒來配合這場戲，他們會將這份情感牢記於心，並搭配適當的手勢，直到這種感覺已然銘刻在心，如同留聲機的膠片烙印在石蠟上一樣。之後他們飾演角色時，就能重現這份情感，並搭配相應的動作、手勢、抑揚頓挫……等等，進而給觀眾留下深刻的印象。據說一個演員若完全沉浸在角色之中，與角色同情共感的話，不見得是好事，因為他會深深被角色的情緒左右，這份渲染力卻只能對他造成影響，無法傳遞給觀眾。聽說一個人初次經歷角色的情感之後，得在不受影響的情況下，將情感用上述作法重現出來，才能帶來最好的效果。

我們之所以提起這些事，是為了給天生缺乏個人魅力的人當參考。他們會發現，努力培養熱切誠意是極有幫助的。他們能透過私下頻繁的練習來鞏固這種心理意象，進而轉化成意識上的習慣，並且在有需要的時候表現出來。在這種情況下，請當一個好演員；也請記住，正是私下頻繁的練習造就一個好演員。一方面來說，用這種方式觸發感受與熱忱，比起缺乏熱忱或是當個「情緒化的醉鬼」還要好上許多。一個人不需要多愁善感，也能當個理性、熱情而真誠的人。我們相信細心的學生會明白這段話的意思，並不會因此對我們有誤解。請記住，你所渴望的特質只要經由反覆練習，往往就會變得自然許多。

第九章　培養你的迷人個性

我們在前面的章節已經解釋個性（Personality）並非個體的主我，而是客我的一部分，也就是個體所呈現出來的外表。我們說過「個性」真正的意思是個體的面具，也就是一個人在人生舞台上的外貌。正如演員會更換面具和戲服一樣，一個人也會用其他可取的特質來改變他原本的個性。

雖然個性並非真我，但個性仍在人生舞台上中扮演重要角色，尤其是觀眾通常重視表面的個性大於面具背後的真實樣貌。因此，每個人都應當培養並擁有吸引觀眾的個性，好得到他們的接納。然而，我們並非教導各位欺騙他人。我們不僅視本性為真我，也相信人應該照著個體發展的法則，打造最棒的自己。但是無論如何，我們相信有個性地過生活不僅對人有好處，他也有責任要盡其所能地讓自己的個性討人喜悅。一個人不論再怎麼優秀、聰明與高尚，如果他戴的面具沒有吸引力又不討喜的話，他其實等於讓自己處於劣勢之中，這樣會趕走他能幫助的對象，也會趕跑樂意喜愛他的人，但前提是他們能看見不討喜面具背後的面容。

我們討論面具有沒有吸引力時，並非是談論人的外貌。雖然在某些情況下，人的外表可以變得很漂亮，然而個性的魅力卻能遠遠超越稍縱即逝的美貌。許多人有著美麗的臉蛋和身形，但個性卻一點都不迷人，他們令人生厭，完全沒有吸引力可言。有些人則是相貌平平，體態也不怎麼勻稱，但是卻擁有吸引人的「致勝秘訣」。我們總是樂於見到某些人，他們的風采會讓我們忘記他們不漂亮的外表。事實上，當我們站在這些人面前時，會發現他們平庸的臉蛋似乎變得不太一樣，這也就是我們所說的個性。它和前一章的「個人魅力」有非常密切的關係。

想培養個性魅力的人，首先要先創造出愉快的心靈氛圍。快樂的人最令人為之一振；愛潑冷水的人最令人心寒，這種掃興的傢伙往往讓接觸他的人感到沮喪。想一想你熟識的人，你就會發現你可以很自然地把他們分成樂觀和悲觀兩類。陽光的人總是比陰鬱的人更討人喜愛；你會非常歡迎前者，而對後者避之唯恐不及。日本人懂得個性的原則，父母最先教導子女的一件事就是不管自己難不難過，都要笑臉迎人。對他們來說，將自己的悲傷和痛苦展現在他人面前，是非常失禮的一件事。他們把生活悲傷的一面留給自己，對外則展現陽光燦爛的笑容。他們在這點上非常明智，原因如下：第一，他們也許能因此讓自己高興一點，心態上也會更積極；第二，在吸引力法則的運作下，他們這樣做也能吸引美好的人事物；第三，由於他們向別人展現迷人的個性，因此能成為受人歡迎的合作夥伴。陰鬱的人在職場生活中不怎麼受歡迎，也很難得到幫助，別人碰到他們就好像遇到瘟疫一樣，避之唯恐不及。每個人光處理自己的麻煩事都已經自顧不暇了，當然沒空去管別人的問題。記住這句老話：

「歡笑，世界陪你歡笑，
哭泣，你卻獨自飲泣。
悲哀的老地球只需要歡笑，
畢竟它遇上的麻煩也不少。」

所以，請常保微笑。笑容是個性的寶貴資產，但不是呆呆笨笨的傻笑，而是真心誠意的微笑。這種笑容發自內心，一點都不膚淺。如果你想用言語表明這種狀態，那便是：「陽光、開朗、快樂」。請將這三個詞裱框起來，掛在心靈畫廊最明顯的位置。請好好記住這幾個詞並將其形象化，這樣你就能看見一排閃閃發亮的電子標誌出現在眼前，上頭寫著：「陽光、開朗、快樂」。請努力讓這個想法在你的頭腦中變成現實。只要你願意想、願意付諸行動，它就會變成現實。那麼你會因此得到有價值的個性嗎？也許面露微笑對你來說簡直輕而易舉，但如果你能把笑容帶進現實生活，不管你在什麼行業，笑容永遠都是非常值錢的。

另一項寶貴的個性特質是自重。你如果懂得自重的話，你的外表和舉止會展現出自重。如果你不懂得自重，你最好盡早開始培養；你也要記住你是一個人，而不是一條在地上爬的可憐蟲。請勇敢堅定地面對世界，目光朝向前方，而且記得要抬頭挺胸！唯有昂首挺立才能迎向世界。人如果低頭，就像是為自己生存於世道歉，這種人對自己的看法既是如此，世界也往往會以此衡量他們的價值。唯有抬頭挺胸才能突破重重難關，走向通往成功的大門。某位作家曾為此提出一項好建議：「請讓肩膀與耳垂保持垂直。如此一來，這條從耳朵開始的鉛垂線就能呈現出良好的身體線條。同時也應確保頭部沒有向左或向右偏，而是直挺挺的。很多男性常犯的錯誤就是偏著頭，尤其在等待客戶簽署重要商業合約時更容易如此。然而偏頭是一種脆弱的表現。一項研究男性的報告指出強大的男性從不偏著頭，他們的頭相當挺直，而且輕輕鬆鬆地讓肩膀保持在適當位置，展現出力量的平衡。實際上，一個人的身體線條就能表現出他的內心想法。」上述建議之所以寶貴，不僅是因為它描述自重之人的外型

（順帶一提，這事非同小可），也是因為它能培養你的心態，讓你也能變成一個懂得自重的人。正因「思想成形於行動之中」，所以行動也能培養心態，這是一條雙向作用的法則。所以，請想一想自重，並展現出你的自重。請顯現出內在的真我，勿在地上匍匐前行，也不要畏畏縮縮或卑躬屈膝，請好好做一個真正的人。

另一個值得培養的特質是關心他人的藝術。世上有很多人都把自己的事情看得太重要，以致給人一種疏遠且漠不關心他人的印象。這種個性最不討喜，不僅會讓人覺得他們很冷漠、沒心沒肺，而且自私又冷酷。大眾容易會孤立這種人，任他繼續自私自利下去。這樣的人永遠不會受歡迎，也永遠無法與他人相處和睦。關心是一門藝術，想成功的人也都必須具備這項特質。當然，人也得好好把握重要機會，不因關心他人而損害自己的利益。這點自然不用多說，畢竟不合情理的利他主義和過度的自私自利都很偏頗。在此我們有個折衷的好辦法。你會發現你接觸的每個人都有一些愛好，如果你願意關心他人的愛好，對方自然會察覺到這份關心。他們會很感謝你的心意，也會樂意回過頭來關心你。這並非欺騙，也非見風轉舵或阿諛奉承，這是心理層面上的補償法則，也就是你付出什麼，就會得到什麼。如果你停下來想一想，你就會發現那些最吸引你的人似乎就是最關注你的人。

關注他人的特質會在許多面向上表現出它的優點，其中一點就是它會讓你成為一個好的傾聽者。我們的意思並不是說，你應該讓自己成為聆聽他人傾吐的垃圾桶，你如果這麼做的話，就沒有時間做其他事情了。你必須運用判斷和技巧來調整你花在別人身上的時間，調整的多寡乃取決於個人和情況的特殊程度。我們真正的意思是你在聆聽的時候應該好好聽進去，因為一個人給對方最微妙的讚美莫過於仔細傾聽。好好聽進去就是要聽得津津有味，但是關於這點書上常常教得不太好。也許最適合表達這個概念的說法是：「請注意聽，因為別人也會聽你說話。」以上這條金科玉律適用的範圍很廣，也能帶來好處與善果。一個善於傾聽的人，會讓說話的一方對他產生好感。一說到這裡，我們總會想起卡萊爾（Carlyle）的故事。眾所周知，卡萊爾是個脾氣暴躁的老先生。他很喜歡挖苦人，總是對和他交談的人粗暴無禮。他的故事是這樣的：某一天，有個人去拜訪卡萊爾。這個人懂得傾聽的藝術，因此他巧妙地將話題轉到卡萊爾感興趣的話題後，接著保持沉默，專心聽卡萊爾說話。卡萊爾滔滔不絕地講了好幾個小時，也對這個人提的話題越來越感興趣。最後這名訪客準備起身離去時，他幾乎得強迫自己和卡萊爾分開。卡萊爾尾隨他到門口，展現出少見的熱忱和好心情，向這名訪客道別。他熱情地說：「有空再來坐，歡迎你常常過來。你是個非常聰明的人，我非常喜歡和你交談。你是讓我感到最愉快、最健談的人。」

請你務必小心，別讓他人對你的經歷感到厭倦。你和別人交談時，最好先放下自我，等到有合適的時機再聊聊自己的事。人們不想聽你說你自己有多好，他們只想跟你說他們有多優秀，這樣做會讓他們感到非常愉快。請不要散佈悲傷，也不要複誦你的優點有哪些。別跟他人炫耀你的孩子有多可愛，畢竟對方也有孩子。如果對方想聊他自己的事，你必須想辦法說說對方感興趣的事情。請忘掉你自己，並學會關注他人。

某些厲害的零售商會讓銷售員明白，培養良好心態與個性能使他們給客戶留下好印象，客戶會因此認為銷售員是站在他們的立場設想。也就是說，銷售員要關心客戶是否獲得良好服務，並考量服務是否周全、招待是否面面俱到，以及客戶是否心滿意足。能給人留下這種好印象的銷售員，在職場上必然成功在望。雖然這種事很難用言語描述，但是本書前面的章節提出的觀察與想法，將會在這件事上帶給你很大的幫助。最近某位作家談到這個主題時，很老實地表示：「舉例來說，假設你從事某種行業，也希望生意越來越好的話，那麼你販賣商品或服務時，就不應該敷衍了事。你不能只是拿顧客的錢、給他好產品，讓客人覺得你只想從這場公平交易獲利而已，對其他事情一點興趣也沒有。你若沒有讓客戶覺得你很關心他的需要，竭誠為他的福利設想的話，你就失敗了，而且節節敗退。當你能讓每位顧客覺得你很努力為他人和自己的福祉著想時，你的生意就會越來越好。讓生意變好不需要付額外代價，也不見得需要製作出比別人更大份量或品質更高的商品。生意若要興旺，就必須對每一筆交易盡心竭力，即使是再小的生意也應當如此。」這位作者清楚有力地如實闡述他的觀點，你若聽從他的建議並付諸實踐的話，這會對你極有幫助。

個性的另一個重要特質是自制，尤其在控制脾氣的方面更重要。憤怒是軟弱的記號，而不是力量的標誌。人一發脾氣就會馬上讓自己處於劣勢之中。請記住一句老話：「天若要亡人，就必先使那人發怒。」一個人在怒氣的影響下，會做各式各樣的蠢事，讓他之後悔恨不已。他把判斷力、經驗和謹慎態度拋到九霄雲外，結果讓自己看起來跟瘋子沒兩樣。事實上，憤怒是一種精神失常的表現，也是人失去理智的某個階段。如果你對此有所疑慮的話，當你碰到一個憤怒的人時，你就會發現他的表情很猙獰，行為舉止也不怎麼理性。眾所周知人如果能在對手發怒時保持冷靜，那麼他肯定能勝出，畢竟一個理智的人對上失去理性的人，勝負顯而易見。最好的方式就是讓對方自食苦果，同時自己也能保持冷靜。吵架需要兩方參與才會真的吵起來，所以只要先讓發怒的一方冷靜下來，不再對你生氣的話，事情很快就能告一段落，這樣處理也相對容易許多。你會發現控制外在行為也能讓你調整內心思緒。如果你能控制好聲音，讓你的聲音聽起來很冷靜且低沉穩重的話，你就不會突然間讓自己情緒爆發。除此之外，你會發現只要這麼做，其他人會從原本高聲叫嚷的狀態，到最後聲音變得跟你一樣冷靜。控制聲音的技巧值得你銘記在心，這也是個相當值得了解並練習的秘訣。

在我們談到聲音的同時，我們也想請你進一步的控制聲音，更確切地說是好好培養聲音。一個人若能將聲音控制得宜，聽起來也相當悅耳的話，其他人縱然在其他方面的能力和他相同，他仍會因聲音而更勝一籌，畢竟其他人缺少這個特質。充滿活力、引人共鳴、柔和且能靈活變化的聲音十分可貴。如果你有這樣的聲音特質，你就是個有福的人。如果你沒有這個特點，請開始努力培養。是的，你做得到！你有沒有聽說過著名的演說家內森・謝帕德（Nathan Sheppard）呢？請聽聽他的演講，聽他講述他的聲音有什麼樣的先天缺陷，以及他如何克服這個問題，並成為一位偉大的演說家。他說：「當我下定決心，要將自己完全投身於公共演講時，學校師長跟我說我一定會失敗。確實，我的發音不準確，而且發聲器官有缺陷。他們還說我如果把小嘴閉上，嘴巴還可以塞進我媽的頂針。這些話確實非常傷人，而且很殘忍，我永遠不會忘記他們說了什麼。然而，也許正是因為他們的話十分扎心，才會讓我如此堅持不懈；要不是這段話，我永遠也不會知道自己原來具有驚人的毅力。但是無論如何，這就是人類靠自己奮鬥成功的哲學。我可能沒什麼成就，我不會說我有多大的成就，但演講是我維生的方式，是我累積二十年的藝術結晶。我之所以能突破種種困境，是因為我就算面對各種障礙和挫折，仍將注意力放在自己的聲音和發聲器官，並培養自己的雄辯本能，以及聆聽修辭抑揚頓挫的能力；我也學會怎麼了解自己，了解我的聲音與感受，並活出最好的自己。」看完這段話之後，我們若再補充怎麼用意志、練習與渴望來培養好聲音，也許會顯得很多餘。簡而言之，請選擇最適合你的聲音，並且勤奮練習，搭配決心和渴望來好好培養它。如果擁有先天障礙的謝帕德先生都能成為一位知名的演說家，那麼你說「我不行」的話，就等同在說你自己是個懦夫。

我們也想對人的儀表說幾句話，特別是走路的姿態，畢竟儀表也是個性很重要的一部分。我們也覺得不太需要再對本章主題以及自重心態加以著墨，畢竟最重要的還是先培養自重，其餘的特質自然會隨之而來。想法乃是在行動之中成形，而自重者必定會好好檢視自己，讓他的每個動作、手勢、行為舉止都能證明他是個自重的人。他不僅內心懂得自重，也會將這個心態表現出來。此外，人也必須注意外表，尤其是注重衣著。人應該要好好維持身體和穿著的乾淨整潔。對我而言，講究穿著並不是要穿得很華麗。事實上，穿著最講究的人並不會引人注目。請培養出一種嫻靜高雅的品味，並將這種品味展現在服裝的品質上，而不是拿來炫耀。最後，請你保持乾淨。

最後，我要再次強調所謂的個性只是外在的面具，這張面具會因人的意志力與分辨能力而產生變化。你得先清楚你應該擁有什麼樣的個性，然後好好培養，讓它成長茁壯。接著，在腦海中塑造出理想性格，再好好默想，熱切地渴望，立志將它得到手，並且一遍又一遍地實行出來，直到你將理想變成現實為止。請製作出一塊良好的心靈模板，接著慢慢倒入原料，你就能從模子中得到你所渴望與所需的個性。最後請好好磨亮這個剛形成的個性，使它散發文化的光澤。

只要努力不懈，你就能成為理想的自己。渴望是現實之母，請記住獲得成就的三要素：真誠的渴望、自信的期望以及堅定的決心。

現在我們已經告訴你成功的小秘密了，請好好運用。成功與否全取決在你身上，我們已經先幫你起了頭，剩下就靠你自己了！

第二部

擁抱思維吸引力

第十章　思維世界裡的吸引力法則

宇宙由法則統治管理——一個重大的法則。它的表現形式多元，但從終極的角度來看，只有一個法則。我們熟悉它其中的一些表現形式，但對其他的形式則幾乎毫無所知。但我們仍每天多學到一點，面紗正逐漸被揭開。

我們滿腹經綸地談論著萬有引力定律，卻忽視同樣神奇的現象——思維世界裡的吸引力法則。我們熟知將組成物質的原子吸引並連結在一起的定律，我們認識將身體吸附在地球上，將旋轉世界定在它們位置上的引力定律，但我們卻對把我們渴望或恐懼的事物吸引過來，會創造或損壞我們生命的強力法則視而不見。

當我們終於了解思想是一種力量，一種能量的具體顯現，有一種磁鐵般的吸引力時，我們就會開始了解很多在此之前似乎看不到的事物的原由。沒有一種學習研究會像研究這種思想世界裡的強大法則——吸引力法則的活動那樣，讓學生所付出的時間和經歷的困難得到這麼好的回報。

當我們思考時，我們發出一種如空氣般輕微、纖細的物質，這個物質的振動就如光線、熱度、電力、磁力所顯現的振動一樣真實。我們的五種感官對這些振動雖無法輕易感受到，但這並不表示它們不存在。一塊強力磁鐵會發出振動並運用足夠的力量，把一塊重一百磅的鋼鐵吸過來，而我們看不到、嚐不到、聞不到、聽不到或感覺不到那股強大的力量。同樣地，這種思維振動也無法以一般的方式被看見、品嚐、聞到、聽到或感覺到。雖然，的確有正式記錄記載對心靈意念特別敏感的人曾接收到強力的思維波，而且，我們很多人都能作證，不管發送者是在眼前或一段距離之外，我們都曾清楚地感覺到他人的思維振動。心靈感應以及同性質的現象並不是毫無根據的空想。

光線和熱度是由密度遠低於思維振動的振波所顯現，但差別只在振動的速率而已。科學記錄對這個問題提出了有趣的理解角度。卓越的科學家伊利沙·格雷教授*在他的小書《大自然的奇蹟》（*The Miracles of Nature*）中說：

「有很多資料可以從中推測出，世界上存在人類耳朵聽不到的聲音、人類眼睛看不見的色彩光波，關於這個想法，還有許多可供思辯之處。介於每秒四萬次和四百兆次振動波之間的漫長、黑暗、無聲空間，和在每秒七百兆次振動波之外、光已停止運行的無限範圍，這樣的空間和範圍，讓人不禁陷入上述想法的思辯之中。」

M．M．威廉斯在他名為《科學短篇》（*Short Chapters in Sciences*）的作品中說：「在讓人產生聽覺的最快速波盪或顫動，和產生溫感的最緩慢波盪或顫動之間，並沒有漸變層次。兩者之間存在著足以容納另一個運動世界的偌大缺口，這個缺口就在人類的聽覺世界和光與熱世界之間。我們沒有理由認為物質不能進行這種中介活動，也不能假設這種活動無法引發中介感知，只要能有接收和覺察這類運動的器官。」

我引用上述專家的說法只是要讓你深思，並非試圖向你證明思維振動存在這一事實。已有無數人針對後者這個主題進行調查，而心滿意足地確定這個事實，稍微深思一下就會發現，它和你自己的經驗相符。

我們常一再聽到耳熟能詳的精神科學陳述，「思想就是事物」，而我們重覆說著這些字詞，卻沒有意識到這種說法的意義。如果，我們完全理解這種說法的真義，以及這個真義背後的自然結果，我們就會了解很多我們先前不懂的事物，而且就能運用這種神奇的思想力，

＊ Elisha Gray：美國電氣工程師，於一八七六年開發出電話的原型，近年有人認為格雷才是電話的真正發明者。

就像我們運用能量的任何其他形式一樣。

正如我說過的，當我們思考時，我們啟動極強的運動振動，「就像光線、熱度、聲音、電力的振動一樣真實」。而當我們了解產生與傳導這些振動的管理法則後，我們就能把它運用在我們的日常生活中，就像我們運用那些大家比較熟知的能量形式。我們看不到、聽不到、無法秤重或測量這些振動，並不能證明它們不存在。世界上有人耳聽不到的聲波，雖然，其中有些無疑能被某些昆蟲的耳朵接收到，而其他的則能被人類發明的敏銳儀器接收到。然而，在最敏銳的工具所接收的聲音，和以類比方式推論的人類心靈所知是聲波和其他振動形式間界線的極限間有很大的裂口。世界上有人眼無法注意到的光波，其中有些也許會被較為敏銳的儀器所察覺，而有更多光波因為非常細微，因此，還沒發明出能偵測到它們的儀器，雖然，人類每一年都在進步，而未被探索的領域逐漸減少。

隨著新儀器的發明，它們記錄到新的振動，然而，這些振動在儀器發明之前和之後都一樣真實存在。假設我們沒有儀器可以記錄磁力，人們可能有正當理由否定那種強大力量的存在，因為，它無法被品嚐到、感覺到、聞到、聽到、看到、秤重或測量到。然而，那強大的磁力仍會發出足以把數百磅重的鋼鐵吸過來的力量。

每一種類型的振動都需要它自己的儀器類型來記錄。目前，人腦似乎是唯一能記錄思維波的儀器，雖然，神秘主義學者說，科學家在本世紀會發明出夠精緻的設備，得以捕捉並記錄下這種意念印記。而從目前的跡象來看，似乎前面說的這種發明隨時會出現。這種需求的確存在，無疑很快就會得到滿足。但對那些以類似實用心靈感應方式實驗過的人來說，有了他們自己的實驗結果，就不需要進一步證明了。

我們一直在發送或強或弱的思想，而且，我們正在收割這些思想的成果。我們的思維波不只影響我們自己和他人，而且，它們還有一種吸引力——它們把和我們心靈中最主要思想性質一致的他人思想、東西、情勢、人、「運氣」吸引到我們身邊。愛的思維會幫我們吸引別人的愛、與思維一致的情況和環境、類似想法的過來。憤怒、仇恨、妒羨、惡意和嫉妒的思維，會為我們把從別人心靈中散發出的整套同類型汙濁想法、會引發我們表現出這些惡劣想法的狀況，讓我們反過來接收來自他人的邪惡想法、會顯現出不協調的人等等吸引過來。一股強大的思維或一股持續的思維，會讓我們成為吸引其他人相同思維波的中心。在思維世界裡，喜歡會吸引喜歡——種瓜得瓜，種豆得豆。在思維世界裡，物以類聚——詛咒就像回窩休息的雞一樣，把朋友都一起帶回來了。

充滿愛的男人或女人，舉目所見皆是愛，因此會吸引他人的愛過來。心中有恨的人，會得到他所能承受的所有恨意。想著戰鬥的人，通常在他過關前，會遭遇到所有他想要的戰鬥。事情就是這樣，每個人透過心靈的無線電報系統，得到他所召喚的事物。早上起床覺得「心情很壞」的人，通常在早餐還沒吃完以前，就讓全家人陷入同樣的情緒。「嘮叨」的女人通常在那天裡會找到足以滿足她「嘮叨」傾向的事情。

這種思維吸引力是要認真看待的事情。當你停下來想一想，你會發現，一個人身處的環境真的是他自己造成的，雖然，他常會怪到別人頭上。我認識了解這種法則的人，他們會維持正面而平靜的思維，完全不受週遭的不協調所影響。他們就像平息風波的船隻——他們安全而平靜地歇息著，而暴風雨在四周肆虐。在一個人學會這法則的運作方式後，他就不會再任由反覆無常的思維風暴擺佈了。

我們已經過了靠體力的年代，進入智力取勝的年代，現在更進入一種新的，幾乎未知的領域——心靈力量的領域。這種能量場就像其他領域一樣，有它既定的法則，我們應該要了解它們，不然，我們就會被擠到牆邊，就像無知在努力奮鬥階段的情況一樣。我會努力把展開在我們眼前這新能量場的最根本原則對你說清楚，你也許能利用這股強大的力量，把它用在正當而值得的目的上，就像人類今日利用蒸氣、電力和其他類型的能量一樣。

第十一章　思維共振

就像把石頭丟進水中一樣，思想會產生漣漪和波浪，往外擴散橫過思想的大海。然而，差別在於：水中的波浪只在一個水平面上往四面八方移動，而思維波則是從一個中心點往四面八方移動，就像太陽發出的光線一樣。

就像我們在地球上被一大片空氣之海所包圍一樣，我們也被一大片心靈之海所圍繞著。然而，如我先前解釋過的，我們的思維波穿過這片廣闊的心靈蒼穹，往四面八方延伸，但是，隨著橫越過的距離，由於思維波與我們周圍的巨大心靈主體接觸所產生的摩擦力，密度多少有些降低。

這些思維波有其他不同於水波的特質。它們有自我複製的特性。以這點來說，它們比較像聲波而不是水面的波浪。就像小提琴發出的一個音符會導致一片薄玻璃振動並「唱歌」一樣，一股強大的思維往往也會在能敏銳察覺它的心靈中喚起類似的振動。很多朝我們而來的「遊離思維」只是反射或回應另一個人所散發出的強大思維的振動罷了。但是，除非我們的心靈調整好要接收它，否則這個想法不可能影響我們。如果，我們正在思考崇高而偉大的思想，我們的心靈就有了某個與我們正在思索的想法特質符合的基調。而這個基調一旦確立，我們就容易捕捉到其他與這想法同調的心靈所發出的振動。換個角度來說，假設我們習慣於思考性質相反的想法，那麼，我們很快就會重覆有著類似思路的數千人所散發出的低階思維了。

我們絕大部份是我們以為的樣子，其餘部份則呈現出他人的建議與想法的特徵，這部份要不是直接經由口頭給我們的建議，就是透過那些思維波的方式感應而來。然而，我們的整體心態決定了我們從別人那裡所接收的思維波以及我們自己產生的思想的特徵。我們只會接收那些與我們的整體心態一致的思維，不一致的思維幾乎不會影響我們，因為，它們引不起我們的反應。

完全相信自己並維持十足強大的自信與果斷心態的人，不可能會被來自其他人的沮喪與失敗的有害負面思想所影響，這些負面特質主宰著這些人。但同時，這些負面思想如果找上一個心理狀態設定在低點的人，會加深他的負面狀態，並且會火上加油，耗盡他的力氣，或者，如果你比較喜歡這種比喻，是進一步悶熄他的能量與活動之火。

我們會吸引具有相同思想脈絡的其他人的想法過來。想著成功的人容易與其他有類似想法的人有共鳴，他們會幫助他，他也會幫他們。一個讓自己的心靈一直停在失敗念頭的人，會讓自己親近其他「輸家」的想法，然後，每個人都把其他人往下拉得更深。一個覺得萬物皆邪惡的人，容易看到很多的邪惡之處，並且接觸到其他似乎證實了他的理論的人。而一個在萬事萬物和所有人身上找尋美好的人，很可能會吸引來符合他想法的人事物。我們通常注意的是我們所尋找的東西。

如果，你想想馬可尼*的無線電儀器，你就能更明確地運用這個概念，這個機器只接收調到相同音調的儀器所發出的振動，而其他在附近空中傳送的電報則不會影響到這台機器。同樣的原理也適用於思想的運作方式。我們只接收與我們的心靈協調一致的事物。如果，我們很沮喪，我們或許已經落入負面的調性裡，而且不單受到我們自己的想法所影響，還額外接收到來自其他不幸之人持續發出的類似想法，他們還沒有學過思維世界的吸引力法則。而如果，我們偶爾上升到熱情與能量的高峰，我們很快就能感覺到來自世界上精力充沛的男女

---

* 馬可尼（Guglielmo Marconi，一八七四年四月二十五日—一九三七年七月二十日）義大利工程師，研究無線電報設備與改良，一九〇九年獲諾貝爾物理學獎。

所散發出的勇氣、大膽、精力、正面思想湧入我們體內。當我們親身與他人接觸，並根據實際情況感受到他們的振動、消沉或活力時，我們很輕易就能理解這一點。而同樣的法則，當他們不在我們眼前時也一樣地運作，只是力道沒那麼強烈而已。

心靈有很多不同的音高，從最高的正面音符到最低的負面音符，中間還有許多音符，根據它們各自與正面端或負面端的距離而有不同的音高變化。

當你的心靈沿著正面積極的方向運行時，你會覺得強壯、心情愉快、生氣勃勃、興高采烈、快樂、有自信和勇敢，而且能把你的工作做好、達成你的目標，並朝成功之路前進。你發送出強大的正面思維影響其他人，讓他們和你合作或追隨你的領導，視他們自己的心靈基調而定。

當你在心靈鍵盤上的極度負面端彈奏時，你覺得沮喪、虛弱、被動、遲鈍、害怕、膽怯。你發現自己無法進步或成功。而且，你對其他人的影響實質上是零。你被人帶著走，而不是領導其他人，而且被較為正面積極的人當作人形門墊或足球用。

在有些人身上，正面元素似乎佔主導地位，而在其他人身上，負面特質則似乎較明顯。當然，正面與負面的程度有很多不同的變化，B對A來說也許是負面的，但對C卻是正面的。當二個人初次碰面時，通常會有一段無聲的心靈角力，他們各自的心靈在檢測他們的正面特質，並修正彼此的相對位置。這個過程在很多時候也許是無意識的，但仍然在進行。調整通常自動進行，但偶爾，對抗會非常激烈——對手實力不分高下，這件事因此就強行進入這兩個人的意識中。有時候，雙方的正面程度極為相當，他們因而在心靈上幾乎無法妥協。他們彼此永遠無法真的和睦相處，要不是互相排斥而分開，就是雖然在一起，卻不斷的激烈爭吵。

對與我們有關係的人來說，我們要不是正面積極就是負面消極。我們的孩子、員工和受扶養人也許覺得我們正面積極，但同時，對其他那些地位較他們低，或讓他們聲稱地位高於我們的人來說，我們卻是被動消極。

當然，可能發生某件事之後，對那些在此之前一直覺得我們被動消極的男女來說，我們突然變得比他們積極。我們常看到這樣的例子。而且，隨著這些心靈法則的知識更加普及後，我們會看到更多人堅定他們的立場並運用他們新發現的力量。

但記得，你擁有透過意志的努力，把你的心靈基調提升到正面積極的力量。而當然，同樣地，你或許也會因為疏忽或微弱的意志，而讓你自己落入低階負面的音調。

處於負面思想端的人比正面端的人多，因此，在我們的心靈半球裡，運行中的負面思想振動波較多。但是，我們很幸運，事實上，正面思想的力量要遠比負面思想大得多，因而抵銷了這個現象。而且，如果，我們藉由意志力把自己提升到較高的心靈音調，我們就可以阻擋沮喪的思維，並能接受與我們已改變的心態一致的振動。這是好幾個精神科學學院和其他新思維團體所採用的肯定與自我暗示的秘訣之一。自我肯定沒有什麼特別的功過，但它有二個目的：一、它易於在我們內心建立新的心態，並發揮絕佳作用逐漸建立個性——讓我們改頭換面的科學。二、它往往能提升心靈的基調，因此，我們也許能因處於相同思維層面的其他人的正面思維波而受益。

不管我們相不相信它的作用，我們一直在作出肯定。聲稱他可以而且願意做某件事的人——而且是出自內心地——他自己會發展出有利於把那件事做好的特質，而在此同時，讓他的心思放在適合的音調上，以接收所有可能幫助他做事的思維波。另一方面，如果一個人說出而且覺得他會失敗，他會堵住並悶熄來自他自己潛意識打算幫助他的想法，同時讓自己與失敗——世界的思維——同調，我可以告訴你，到處都有很多這種思維。

不要讓你自己受到身邊這些有害又負面的思想影響。上升到你心靈居所的上層房間，並把自己提升到一個強力的音高，遠離並處於低階思維之上。那麼，你不但能免於他們的負面思維的影響，而且會接觸到來自你自己發展層面的其他人的強大正面思維。

我的目標是要指導並訓練你正確運用思維與意志，以便你可以好好掌控自己並在你覺得必要的任何時刻敲出正面積極的音調。並不需要每次都敲打最極端的音符。比較好的作法是，讓你自己維持在一個舒適的音調，不要太緊繃，並讓工具隨時可以用，讓你在情況需要時，可以立刻提高音高。有了這個知識，你就不再受心靈舊有的無意識行為所控制，而能好好控制它。

鍛鍊意志很像鍛鍊肌肉——是一件需要練習與逐漸進步的事情。一開始很容易讓人厭煩，但每次努力都讓人變得更強壯，直到新的力量變得真實而且持久。我們很多人在突然被召喚或緊急時，都曾讓自己變得積極。當狀況需要時，我們習於「振作起來」。但透過巧妙的鍛鍊，你會變得非常強大，因此，你平常的狀態就相當於你現在「振作起來」的狀態，然後，當你發現需要給予刺激時，你就能達到一種超乎現在想像的狀態。

不要以為我在倡議持續的高張力。這完全不令人嚮往，不只因為它往往讓你有太多壓力，也因為你會發現，你想要不時釋放那股張力並變得樂於接受新事物，好讓你能吸收影響。能放鬆並擁有某種程度的接納能力是好的，知道你隨時能跳回到較為正面的狀態。習慣一直維持強大正向的人失去很多樂趣和休閒。正向，你表達自己；接納，你接受影響。正向，你當老師；接納，你當學生。不只當好老師是件好事，而且有時候當個樂於傾聽的人也很重要。

第十二章　讓心靈服從你的意志

人類只有一個心靈，但有很多心智機能，每一種機能可以發揮二種不同的心智努力。每種機能的二組不同作用間並沒有明顯清楚的區隔線，但它們會像光譜顏色一樣逐漸融入彼此。

任何心靈機能的主動努力是在努力當下所產生的直接刺激的結果。任何心靈機能的被動努力則是來自同一個心靈先前的主動努力、另一種類似暗示的主動努力、來自另一個人心靈的思維振動，或來自某個祖先的思維衝動，透過遺傳法則傳遞下來（包括代代相傳來自萬物起源時產生的最初振動刺激——這些衝動在達到演化的適當階段時會逐漸顯露和揭示）。

主動努力是新產生的，猶如剛從造幣廠新鮮出爐的新硬幣一般，而被動努力是較早前的產物，事實上，常是久遠前振動衝動所產生的。主動努力打開自己的路，把礙事的藤蔓掃到一邊，踢開路徑上擋路的石頭。被動努力則沿著許多人走過的路徑而行。

源自於一種機能主動努力的思維衝動，或運動衝動，可能因不斷重覆或習慣，而變成完全自動化。因反覆主動努力而產生的衝動會形成一股強大的動力，這股動力帶著它沿著被動方向繼續前進，直到被另一個主動努力擋住，或它的方向因同樣的原因改變為止。

換句話說，繼續沿著被動方向前進的思維衝動或運動衝動，可能被一個主動努力所終結或修正。主動作用會創造、改變或摧毀。被動作用讓來自主動作用的工作持續，並且服從命令和建議。

主動作用產生思維慣性或運動慣性，並給予它在這之後沿著被動方向繼續前進的振動。主動作用也有發送振動的能力，這會中和思維慣性或運動慣性的動力。它也能以較強的振動發起新的思維慣性或運動慣性，這會壓制並吸收先前的思維或運動，並以新的思維或運動來取代。

所有的思維衝動或運動衝動一旦展開任務，就會持續沿著被動方向振動，直到被之後的主動功能所賦予的衝動或其他控制的力量所修正或終結。原始衝動持續運作會增加動能與力量，而讓修正或終結變得更加困難。這解釋了所謂「習慣的力量」。我想，那些一直努力要克服輕易養成的習慣的人，馬上就能了解這點。這法則適用於好習慣，也適用於壞習慣。這個寓意顯而易見。

心靈的數個機能常結合後以單一形式顯現。要執行一項任務也許需要運用結合在一起的數個機能，其中一些也許透過主動努力表現出來，另一些則透過被動努力顯現。

遇到新的狀況、新的問題時，需要運用主動努力，而熟悉的問題或任務，能輕易利用被動努力處理，無需他那比較有創新精神的兄弟協助。

在自然界，生物在進行某些活動時有種天生的傾向，一種生物尋找滿足自身所需的傾向。這種傾向有時稱為慾望。那其實是一種被動的心智衝動，來自萬物起源時的刺激動力，隨著演化的發展而傳遞，在過程中更強大而有力。絕對者發揮的強大上升吸力助長了最原始的衝動。

在植物的生命中，這種傾向清楚可見，從較低等植物較不明顯的表現，到較高等植物較為明顯的表現都有。那正是通常我們所說的植物的「生命力」。然而，那是一種原始心理活動的表現，是類似於被動努力的作用。在有些較高等級的植物生命形式中，似乎微微顯出獨立自主的「生命活動」——一種隱隱有意志選擇的暗示。植物生命作家描述了很多這種現象的奇異例子。這無疑是一種原始主動心理活動的展現。

在較低等的動物裡，會發現非常大量的被動心智努力。還有，可以看到相當大量的主動心理活動，這些活動在好幾個科和種有程度上的差異。較低等的動物無疑擁有理性，只是比起人類較弱。事實上，聰明的動物所展現的意志心理活動，往往幾乎和較低等級的成人或兒童相當。

就像嬰兒在出生之前，身體展現出成人生理的演化階段一樣，孩童在出生之前和之後——直到長大成人，也顯現出成人心智演化的階段。

人類，至少是這個星球上迄今產生的最高生命種類，呈現出被動心理活動的最高形式，還有比在較低等動物身上所見要發展得更成熟的主動心理活動，然而，那種能力在不同種族間有很大的變化。即使是我們這個種族的人，主動心理活動程度的差異也顯而易見。這種程度差異絕非來自個人所擁有的「文化」數量、社會地位或教育優勢。心智文化與心智發展是二個非常不同的東西。

你只要看看你身邊的人，就會看到人類身上主動心理活動的不同發展階段。很多人的理性差不多只是被動心理活動，幾乎沒有呈現出意志思維的特質。他們偏好讓其他人替他們思考。主動心理活動讓他們感到疲倦，他們發現本能、自動、被動式的心理歷程要輕鬆許多。他們的心智沿著阻力最小的路線運作，只是個人形綿羊而已。

在較低等動物和較低等人類中，主動心理活動大部份局限於令人不快的機能上——較為物質的層面。較高等級的心理能力照著被動作用的本能、自動化方式而運作。

當較低等級的生命形式在演化的天平上前進時，它們發展出新的機能，這些機能潛藏在它們體內。這些機能總是以原始的被動作用形式顯現，而後透過較高等級的被動形式被激發，直到主動作用發揮功能。演化過程會持續進行，不變的趨勢是朝高度發展的主動心理活動發展。這個演化過程是由來自萬物起源的振動衝動所引發，並得到絕對者上升引力的協助。

這個演化法則仍在進行，而人類開始發展新的心靈力量，這股力量當然先以類似被動努力的形式顯現。有些人已經把這些新能力發展到相當可觀的程度，有可能不用多久人類就能以近似它們的主動作用運用它們。事實上，有些人已經擁有這種能力。這是東方神秘主義者以及他們有些西方教友的秘訣。

心靈對意志的服從可以透過適當安排的練習來加強。我們習慣指稱的「意志力的增強」，事實上是訓練心靈辨認並吸收內在的力量。意志力夠強大，它不需要增強，但心靈需要加以訓練以便接收並依照意志的建議而行動。意志力是我這個人的外顯形式，它的電流正以全力沿著精神電線流動，但你必須學會如何舉起集電桿碰到它，才能讓心智列車啟動。這和你一直習慣從意志力主題作家那裡接收到的概念有點不同，但它是正確無誤的，如果，你願意透過適當的方式來實驗這個主題的話，你的表現會令你滿意。

絕對者的吸引力不斷幫助著人類進步，而原始衝動傳遞至今的振動力亦尚未衰竭。當人類能自助時，就該是演化發展的時刻。懂得法則的人藉由發展心靈力量，可以完成奇蹟，而不理會這個事實的人將因他缺乏關於這個法則的知識而受苦。

那些了解自己心靈法則的人，會開發他的潛在力量，並聰明地運用它們。他不會鄙視他的被動心靈作用，而是會善加利用它們，委以最適合的責任，並能得到它們最棒的工作成果，做它們的主人並訓練它們依照較高自我的命令去做。當它們無法正確做好工作時，他會調整它們，而且，他的知識讓他不會愚蠢地干涉它們，因而傷害自己。他發展潛在的機能和力量，並學會如何讓它們表現出主動和被動心理活動的樣子。他知道，他內在那個真正的人是主人，對他來說，主動和被動作用都只是工具。他已消除恐懼，享受著自由。他已經找到了自我。他已經得知真正自我的秘密。

第十三章　鍛練心智

人可以鍛練自己的心智，讓它成為自己想要的樣子。事實上，我們在生命中的每個小時，都有意識或無意識地在鍛練心智。我們大部份人都在無意識地進行這項工作，但那些稍微看到事物表象之下的人，已經掌控了這件事，並成為他們心理狀態的有意識創造者。他們不再聽從他人的建議或受到他人的影響，反而成為他們自己的主人。他們主張「我」的權威，並把順服從次要的心靈機能中剔除。「我」是心智的君王，而我們所稱的意志是「我」的工具。當然，在這後面還有個重要的東西，宇宙意志高於個人意志，但後者和宇宙意志的關係要比一般人以為的緊密。當一個人征服較低階的自我，並主張「我」的權威時，他就和宇宙意志有了親密接觸，並分享它的許多神奇力量。在一個人主張「我」的權威並且「發現自我」那一刻，他就建立了個人意志與宇宙意志間的緊密連結。但在他可以自由使用那股強大力量之前，他必須先能完全控制較低階的自我。

人類聲稱要展現力量，但他卻是他心靈中較低階部份的奴隸，而那個部份應該是他的下屬，想想這件事有多荒謬吧。想像一個人是他自己的情緒、激情、動物欲望和較低機能的奴隸，而同時又試圖聲稱擁有意志的好處。我不是在鼓吹禁慾主義，那對我來說似乎是自承弱點。我說的是自制——主張「我」凌駕於自我的從屬部份。從較高的角度看這個主題，這個「我」是唯一的真我，其他的都是非自我，但我們的空間有限無法討論這個觀點，因此，我們會用「自我」這個字代表整個人。一個人必須完全控制自我中的從屬部份，然後才可以主張擁有「我」的全部力量。當我們學習掌控萬事萬物，一切都會很好，但當它們掌控我們時，一切都不好。只要我們允許自我中較低的部份對我們發號施令，我們就是奴隸。只有當「我」登上他的王位並舉起他的權仗，秩序才能建立，事物彼此才處於它們的適當關係中。

我們不要批評那些受到他們較低階自我影響的人，他們現在處於較低級的演化階段，最終會進步的。但我們要讓那些準備好的人注意到一個事實，君王必須堅定他的意志，而「臣民必須服從。命令要下達並執行。叛亂必須平定，合法的權威要堅持」。而這麼做的時候就是現在。

你一直允許你的亂臣賊子不讓國王登上王位。你一直允許心靈王國受到不負責任機能的不當治理。你一直是慾望、不適宜思維、激情與消極否定的奴隸。意志被拋到一邊，低階慾望篡奪了王位。該是重建心靈王國秩序的時候了。

你有能力透過堅定意志而完全控制任何情緒、慾望、激情或思維的種類等級。你可以命令恐懼去後面，嫉妒不要出現在你面前，仇恨消失，憤怒躲起來，擔憂不要再煩你，失控的慾望和激情低頭順服並成為謙卑的奴僕而不是主人——只要你主張「我」的權威。你可以透過同樣的方法，讓你自己被勇氣、愛和自制這些絕佳的夥伴圍繞。只要你說出指令並堅持執行，你就能平息叛亂，確保你心靈王國的和平與秩序。在你開始行軍朝帝國前進之前，你必須先建立合宜的內在條件——必須展現你統治自己王國的能力。第一場戰役就是真我征服小我。

宣言

我堅定掌握我的真我

一天中，至少每小時一次，認真且肯定地重覆這句話，尤其在你遇到一些狀況，誘使你照著小我的路線行事，而不是遵照真我決定的路線走時。在懷疑與猶豫的時刻，誠摯地說出這句話，你的道路會變得清楚。在你休息並準備睡覺時，重覆說幾次。但要確定以能激發它們的思維作後盾，不要只要像鸚鵡一樣重覆念。在心中塑造真我主張它對你心靈中較低層面控制權的畫面——像看到國王坐在他的王座上。你會覺察到新思維的湧入，而之前似乎對你來說困難的事情突然變得容易多了。你會感覺完全掌控了自己，還有，你是主人，不是奴隸。你的想法會顯現在行動中，你會穩定成長，成為你心中的樣子。

練習

當你感覺受到引誘要屈服於你天性中較低的那部份時，將心智牢牢定在較高階的自我，並從中獲取鼓勵。當你受到引誘，突然要大發脾氣時——堅持主張「我」的權威，你的聲音就會降低。憤怒配不上已發展的自我。當你覺得困惑生氣，記得你是什麼樣的人，並超越你的感覺。當你感到害怕，記得真我無所懼，並堅持勇氣。當你感到嫉妒蠢蠢欲動，想想你的較高階天性，然後笑笑。就這樣重覆，堅持真我，不要讓心靈中較低層面的東西擾亂你。它們和你不搭，必須學會緊守本分。不要讓這些東西控制你——它們應該是你的臣民，而不是你的主人。你必須離開這個層面，而唯一的方式就是擺脫這些階段的思維，它們一直在「運作一些事情」以順自己的意。一開始你也許會遇到困難，但堅持下去，你會感到只有征服了我們天性中較低部份才會有的滿足。你當奴隸當得夠久了，現在該解放自己了。如果，你確實照這些練習做，你到了今年底就會改頭換面，而且會帶著一抹同情的微笑回顧你先前的狀況。但這需要努力，這不是兒童的遊戲，而是給認真男女的任務。你願意努力嗎？

第十四章　意志的秘密

心理學家關於意志本質的理論也許各有不同，但沒有一個會否認它的存在或質疑它的力量。所有人都能辨認出強大意志的力量，所有人都看到如何用它來克服最巨大的障礙。但是，幾乎沒有人了解，意志可能透過巧妙的練習加以發展及增強。他們覺得，若他們有強大的意志就能完成奇蹟，但是，他們沒有試圖發展意志，反而滿足於空洞的懊悔。他們哀聲嘆氣，但什麼也不做。

那些曾仔細研究過這個主題的人知道，意志力由於它潛在的所有可能性與強大的力量，有可能加以發展、約束、控制和指導，就像其他大自然的力量一樣。不管你對意志本質抱持何種理論都無所謂，只要你巧妙練習，就能得到成果。

關於意志，我個人有個有點古怪的理論。我相信，每個人都潛藏著強大的意志，他所要做的就只是訓練他的心靈運用它。我認為，每個人在他心靈的較高區域，都儲藏著大量的意志力，等待他使用。意志的電流沿著精神電線流動，而所要做的事就是舉起心智集電桿，然後把這股力量引下來供你使用。而且，這個供應量沒有上限，因為你的小小蓄電池與宇宙意志力的巨大電廠相連，而那力量是無窮無盡的。你的意志力不需要訓練，但你的心靈需要。心靈是工具，意志力的供應量與這個工具的精良度成正比，它透過這個工具顯現於外。但如果你不喜歡，你不需要接受這個理論。這門課會符合你的理論，也符合我的。

那些已經發展自己的心智，好讓意志力透過心智顯現的人，為自己開啟了絕佳的可能性。他不但發現了一種可自由支配的強大力量，而且能讓他從來沒有夢想過的機能、才能和能力發揮作用並加以利用。這個意志的秘密是打開所有門的神奇金鑰。

已故的散文家唐納德．G．米契爾曾寫道：「決心是讓一個人被看見的元素。不是微弱的決心，而是未加修飾的決心；不是偏離的目標，而是那種會踩碎困難與危險的強大而不屈不撓的意志，就像男孩踩碎冬日結霜地面的突起處；那種意志點燃他的眼睛與大腦，帶著自豪的脈搏跳動，朝無法實現的目標而去。意志讓人變成巨人。」

我們很多人覺得，如果我們能運用我們的意志，就能完成奇蹟。但不知怎麼地，我們似乎不想這麼麻煩——不管怎麼說，我們並未到達真正的意志點。我們不時拖延，含糊地說著

「改天」，但那一天永遠不會來。

我們出於本能感受到意志的威力，但我們沒有足夠的能量可以運用它，因此隨波逐流，除非發生了某個溫和的困難，某種有助益的障礙出現在我們的道路上，或者某種好心的痛苦刺激我們採取行動，在不管哪種情況下，我們被迫堅定我們的意志，因而開始成就某事。

麻煩的是，我們想要做那件事的程度，並未達到足以讓我們運用意志力。我們不想要夠努力。我們就只是懶惰，而且慾望薄弱。如果，你不喜歡慾望這個詞，用「渴望」這個詞來取代。（有些人把較低階的衝動稱為慾望，稱較高階的為渴望，這只是用字的問題，自己選。）這就是麻煩所在。讓一個男人處於失去生命的危險中，讓一個女人處於失去摯愛的風險中，你就會目睹驚人的意志力從意料之外的來源展現出來。讓一個女人的孩子受到危險的威脅，她就會展現出足以掃平眼前一切的勇氣與意志。然而，同樣一個女人面對跋扈的丈夫卻膽怯畏縮，而且缺乏執行一個簡單任務的意志。一個男孩如果覺得一切都是遊戲，就什麼工作都能做，但卻幾乎不會強迫自己去劈一點點柴。強烈的慾望帶來強大的意志。如果，你非常想做某件事，你通常能生出意志力來完成工作。

問題在於，你並不是真的想要做這些事，但你卻指責你的意志。你說，你真的想做，但如果你停下來想一想，你會發現你真的想做的是另一件事，而不是我們正在討論的事。你不願付成就的代價。暫停一下，分析這種說法，然後把它應用在你自己的例子裡。

你心理上怠惰——這就是問題。別告訴我你沒有足夠的意志，你有一個很大的意志倉庫等著你去用，但你懶得使用。如果，你對這個問題是真心的，就開始著手，首先找出你真的想做的事，然後開始做。別管意志力，每當你需要的時候，你會找到充足的供應量。要做的事是，達到你決心要用意志的關鍵點。稍微想一下這些事，認清你是否真的想要當一個意志者，想到足以開始工作。

很多優秀的文章和書籍都寫過這個主題，所有的作品都認同意志力的強大，這是目前最熱烈使用的詞。但幾乎沒人說過，那些沒有意志的人，或者有但有限的人，要如何取得這股力量。有些人設計了「增強」意志的練習，而練習真正增強的是心靈，因此，它能從它的能量水庫裡汲取。但他們通常忽略的事實是，自我暗示是為了找到發展心靈的秘訣，以便能成為意志的有效工具。

自我暗示

我正在使用我的意志力

在讀完這篇文章後，立刻認真且肯定地說幾次這句話。然後，在一天之中經常重覆說，至少每小時一次，尤其在你碰到某件需要運用意志力的事情時。在你休息準備睡覺時也要重覆幾次。這些話沒有意義，除非你以思維做它的後盾。事實上，思維才是「王道」，而這些字眼只是用來掛思想的掛鉤。因此，想想你正在說的話，而且要是真心的。一開始你得運用信念，帶著對結果的確定期待運用這些字眼。持續想著你正從你的意志力水庫汲取能量，不用多久，你就會發現，思想化為行動，你的意志力正在表現自己。每次重覆這些話，你都會感到有力量湧入。你會發現自己克服了困難和壞習慣，而且會很驚訝，事情都變得很順利。

練習

一個月內，每天至少做一件討厭的任務。如果有任何特別不愉快的任務是你想要逃避的，那就是你要做的事。給你這個工作並不是為了要讓你犧牲或變得溫順，或那一類的結果，這是為了要鍛練你的意志。任何人都能高高興興地做令人愉快的事情，但要高高興興地做討厭的事情需要意志力，而那正是你必須做這個任務的原因。它能證明一條對你最有價值的戒律。實驗一個月，你會看到它開始發揮作用。如果，你逃避這個練習，你最好在這裡打住，並且承認你不想要意志力，而且滿足於你現在的狀態，繼續當個弱者。

第十五章　消除恐懼與憂慮

第一步是開始「刪去」恐懼與憂慮。恐懼的思維是造成很多不幸與失敗的原因。你一再地聽到有人告訴你這件事，但它值得一再重覆。恐懼是一種心理習慣，是透過胡亂盤旋的負面想法加諸在我們身上，但透過個人的努力和堅持，我們可以讓自己從中脫身。

強烈的期望是威力強大的磁鐵。有強大且信心十足慾望的人，如果抱著希望、信任、自信與冷靜地渴望著，就會吸引最適合幫助他的東西過來——人、事物、條件、環境。而同樣真實的是，害怕某個事物的人，通常會開始操作導致他害怕的事物降臨的力量。你看不出來嗎？害怕的人實際上預期著他害怕的東西，而在法則的眼中，這就像他真心想要或渴望它一樣。法則在二個例子中都發揮了作用——它們的原則是一樣的。

克服慣性恐懼的最好辦法就是表現出勇敢的心態，就像要趕走黑暗的最好方式是讓光亮進來。藉由承認負面思考習慣的力量並盡全力否定它的存在來對抗它，無疑是浪費時間。最好、最確實、最容易和最快的方法是認定你想要的正面思想存在它該在的地方，然後，透過時常想著正面思維，將它化為客觀的事實。

因此，與其重覆說著：「我不怕」，不如改成大膽說出：「我充滿勇氣」、「我很勇敢」。你必須堅稱：「沒什麼好怕」，這雖然本質上也是否認，但只是否定造成恐懼的事物，而不是承認恐懼然後再否定它。

為了要克服恐懼，一個人應該要堅定保持勇敢的心態。他應該要勇敢思考、勇敢說話、勇敢行事。他應該要一直讓心裡那幅勇敢的影像出現在眼前，直到它變成他常有的心態。牢牢抓住這個想法，你就會逐漸得到它——理想會開始清楚顯現出來。

讓「勇敢」這個詞深深沉入你的心靈，然後，讓它牢牢吸附在那裡，直到心靈把它固定在正確的位置上。想像自己是個勇敢的人——看到自己在艱難的情境中勇敢行事。明白沒什麼好怕——擔憂和恐懼從來沒幫上任何人的忙，以後也不會。明白恐懼會麻痺努力，而勇氣則引發行動。

自信、無懼、渴望、「我可以而且我會去做」的人是威力強大的磁鐵。他吸引來的就是他成功所需的東西。東西似乎來到他身邊，而人們會說他很「幸運」。但這是一派胡言！和

「運氣」一點關係也沒有，關鍵全在心態。而「我不能」或「我害怕」的人的心態也決定了他成功的可能性。這件事沒有任何神祕難解可言。你只要看看你身邊，就能了解我剛剛說的這個事實。你曾經認識任何一個成功的人，他們的內在沒有強烈的「我可以而且我會去做」的想法嗎？哎呀，他們會繞過「我不能」的人，這些人也許能力甚至更強。前一種心態會帶出潛在的特質，同時吸引外部的幫助，而後一種心態不但吸引了「我不能」的人事物，也阻止了這個人發揮自己的能力。我已證明這些論點的正確，還有很多人也是，而且，知道這些事情的人數，每天都在增加。

不要浪費你的思維力，而要有效運用它。不要再把失敗、不幸、不協調、憂傷吸引過來，從現在開始發送出開朗、正面、快樂的思維。讓你的主要思維是「我可以而且我會去做」；想著「我可以而且我會去做」；夢著「我可以而且我會去做」；說著「我可以而且我會去做」；做著「我可以而且我會去做」。生活在「我可以而且我會去做」的國度裡，在你意識到之前，你就會感覺到一股新的振動化為行動顯現，會看到它們帶來成果，會覺察到新的觀點，會了解你的自我正朝你而來。在你加入「我可以而且我會去做」的軍團之後，你會感覺更好、行動更積極、看得更清楚，各方面都更好。

恐懼是憂慮、仇恨、嫉妒、敵意、憤怒、不滿、失敗和其他這類情緒的根源。擺脫了恐懼的人會發現其他的同類消失了。得到自由的唯一方法是擺脫恐懼。把它連根拔除。對那些想要掌握思維力量運用的人，我認為他們要採取的第一個重要步驟是征服恐懼。只要恐懼控制著你，你就絕不可能在思想王國裡有所進展，而我必須堅定地要求你立刻開始行動，除掉這個障礙物。你可以辦到的——只要你真心開始動手做。當你擺脫掉這個討厭的東西後，生命會看起來完全不一樣——你會覺得比較快樂、比較自由、比較強壯、比較正面積極，而且在生命的每個任務上都更成功。

就從今天起，認清這個侵入者必須離開——不要和他在任何事情上讓步，而是堅持要他全面投降。你會發現這個任務起初很難，但你每和他對抗一次，他就變得更弱一點，而你則更強一點。培養無懼的氣氛，並切斷侵入者的養分，把他餓死，他無法靠一種想法而活。所以，開始讓你的心靈充滿美好、強壯、無畏的思想，讓你自己忙著想勇敢的事，然後，恐懼就會自己死去。無懼是正面的——恐懼是負面的，而你可以確定，正向積極會佔上風。

只要恐懼和他的「但是」、「如果」、「假設」、「我怕」、「我不能」、「萬一」，還有他其他所有的膽怯暗示為伍，你就無法讓你的思維力發揮最大力量。一旦把他趕出航道，你的航行就沒有障礙，而思想航程的每一吋都會順風加速。他是約拿（**Jonah**）*。把他丟下船去！（我同情把他吞下肚的鯨魚。）

我建議你，開始做一些你覺得如果你不怕嘗試就可以做的事情。開始動手做這些事情，全程堅持「勇氣」，你會很驚訝地發現，改變的心態如何掃除掉道路上的障礙物，而且會讓事情變得比你預期的要容易得多。這樣的練習會讓你有驚人的發展，而你會非常滿意以這樣的方式稍加練習後的成果。

在你前面還有很多事情等著你完成，只要你把恐懼的枷鎖拋到一邊，只要你拒絕接受快速翻騰的暗示，並且大膽地聲明「我」的權威和它的力量，就能掌控這些事情。而克服恐懼的最佳方式就是堅持「勇氣」，並且不再想到恐懼。透過這樣的方法，你會訓練心靈進入新的思維習慣，如此就能根絕一直把你往下拉並阻止你的原有負面思維。把「勇氣」當做你的格言，並把它化為行動顯現出來。

記住，唯一要害怕的事是恐懼，嗯，甚至不用害怕恐懼，因為他最多就是個膽小的小孩，如果，你表現出勇敢的樣子，他就會跑掉。

＊根據舊約聖經約拿書記載，神派約拿去尼尼微傳道，約拿卻逃避責任，搭船逃走。但海上狂風大作，約拿知道風浪是因自己而起，要水手把自己拋入海中。約拿隨後被一隻大魚吞下肚。後引申意指帶來厄運的人。

第十六章 你所擔心的事，有九成都不會發生

憂慮是恐懼的產物，如果，你徹底殺死恐懼，憂慮就會因缺乏營養而死掉。這個忠告很古老，但它永遠值得重覆述說，因為，它正是我們非常需要的一課。有些人認為，如果我們徹底消滅恐懼和憂慮，我們就永遠無法完成任何事。我曾在優秀期刊的社論上讀到，作者認為沒有憂慮，一個人永遠無法完成生命中的任何偉大任務，因為，憂慮是刺激興趣與工作的必需品。這是無稽之談，不管是誰說出來的都一樣。憂慮從來不曾幫助人完成任何事，相反地，它擋在完成與成就的路中間。

行動與「做事」背後的動機是慾望和興趣。如果，一個人真心想要一個東西，他自然會變得很有興趣要完成它，而且會很快抓住任何可能幫助他得到想要之物的事物。不止這樣，他的心智開始在潛意識層面運作，把很多有價值和重要性的想法帶到意識層面。慾望和興趣

是帶來成功的起因。但憂慮不是慾望。的確，如果一個人的週遭環境變得令人無法忍受，他情急之下會被迫作些努力以擺脫掉令人不快的狀況，並且取得那些和他的慾望較為一致的情境。但是，這只是慾望的另一種形式，這個人想要和他已有的不同的東西，而當他的慾望夠強烈時，他把全部興趣投入任務中，他投入很多心力，完成改變。但並不是憂慮引發努力。憂慮可能滿足於搓著雙手，悲嘆道：「我好苦啊」，並且焦躁到筋疲力盡，一事無成。慾望的作用不同。當一個人的環境變得令人無法忍受時，它就變得更強烈，最後，當他覺得痛苦巨大到他再也無法忍受時，他說：「我再也受不了了，我要改變。」看！慾望跳起來行動了。這個人一直以最糟的方式「想要」改變（卻也是最好的方式），他的興趣和注意力都投注於解脫的任務，他開始讓事情有進展。憂慮從來沒有完成任何事。憂慮是負面的，而且會招來死亡。慾望與雄心是正向的，而且會帶來生氣。一個人可能擔心得要死，然而一事無成。但讓那個人把他的憂慮和不滿徹底轉變成慾望和興趣，配上相信他有能力造成改變的信念──「我可以而且我會去做」的想法──然後，有些事情就發生了。

是的，在我們大展身手前，恐懼與憂慮必須離開。一個人必需開始動手把這些負面的侵入者趕出去，並以自信和希望來取代它們。把憂慮轉變為熱切的慾望，然後，你會發現，興趣甦醒了，你會開始想著你有興趣的事情。思維會從你存放在心靈中的大水庫流向你，你會開始把它們化為行動。此外，你會讓自己和想法類似的人一致，並且從充滿在世界上的大量思維波中吸引來支援與協助。一個人會把和他自己心靈中的主要思維──他的心態的本質符合的思維波吸引過來。然後，他再度開始啟動偉大的吸引力法則，他以此吸引來可能幫助他的人，然後，反過來被能支援他的人吸引。這個吸引力法則不是隨便說說的，不是超自然的怪誕事物，而是大自然充滿生氣的運作原則，任何人都能透過實驗與觀察而學會。

要想在任何事上有所成就，你必須非常想要它──慾望必須明顯可見才能吸引東西過來。慾望很弱的人幾乎吸引不了什麼。慾望愈強，啟動的力量就愈大。你想要一個東西的慾望必須夠強大，然後，你才能得到它。你想要它的程度必須比想要你身邊的東西更甚，而且，你必須準備好付出得到它的代價。這個代價就是，把實現更強大慾望路上的某些較小慾望扔下船去。安逸、輕鬆、悠閒、娛樂和很多其他東西可能都得捨棄（不過，不是每次都這樣）。這都要看你要什麼而定。通常，想要的東西愈大，付出的代價就愈高。大自然相信要有合乎所需的補償。但如果你真心想要一個東西，你毫無疑問願意付出代價，因為，慾望會讓其他東西的重要性顯得微不足道。

你說，你非常想要一個東西，而且窮盡一切可能方法要得到它？啐！你只是在表演慾望。你想要這個東西的程度，像犯人想要自由一樣──像垂死之人想活下去一樣嗎？看看想要自由的犯人所完成的近乎奇蹟的事情。看看他們如何用一小塊石頭鑿穿鋼板和石牆。你的慾望有那麼強大嗎?你是否命懸一線般的為了想要的東西而努力?胡說!你不知道慾望是什麼。我告訴你,如果,一個人想要一個東西的程度,像犯人想要自由,或者一個將死之人想要活命那樣,那麼,那個人就能掃除顯然無法移除的障礙和阻礙。獲得成就的金鑰是慾望、自信和意志。這把鑰匙可以開啟許多扇門。

恐懼會痲痺慾望,把其中的活力嚇跑。你必須擺脫恐懼。我人生中有好幾次,恐懼抓住我,緊緊抓住我的要害,我失去了所有希望、所有興趣、所有雄心、所有慾望。但是,感謝神,我總是能設法掙脫那個怪獸的牢牢掌控,像個男人一樣面對我的困境,然後,看!情勢似乎不知怎麼就好轉了。要不是困難逐漸消失,就是我找到方法克服,或繞過,或鑽過,或越過困難。它的運作充滿不可思議。不管困難有多大,最後當我們內心帶著勇氣與信心面對它時,我們似乎能以某種方式度過難關,然後,我們開始納悶,我們之前在害怕什麼。這不僅僅是幻想,這是一條強大法則的作用,我們還無法完全理解這種作用,但我們隨時都能證明它。

人們常常問道:「你們新思維運動的人說『別擔心』倒是輕鬆,但是,當一個人想到他眼前所有可能的事情,而那可能打亂他和他的計畫時,他要怎麼辦?」嗯,我只能說,這個人操心未來某個時候會來的麻煩實在很傻。我們擔心的事情大部份完全不會發生，而其他的事情，有很大一部份比我們預期的程度要輕，而在這同時，總是有其他東西會來幫助我們克服困難。等在未來的不只有要克服的困難，也有幫助我們克服困難的人事物。事情會自己調整。我們準備好迎接任何可能降臨到我們身上的麻煩，而當事情發生了，不知怎地，我們會發現自己有能力面對它。神不止讓風吹向剪過毛的羔羊時變得緩和，也鍛練剪過毛的羔羊迎向風。起風和剪羊毛不會同時發生，通常都有足夠的時間讓羔羊調適，在寒冷的疾風吹起前，牠通常都已長出新的毛了。

俗話說得好，擔心的事十有八九不會發生，而另外的十分之一是幾乎沒有或完全不重要的事。所以，如果事實如此，把你所有儲存的精力都用來操心未來的麻煩有什麼用呢？最好等到你真的遇到麻煩了，再來煩惱吧。你會發現，藉由儲存的能量，你有能力迎戰任何發生在你身上的麻煩。

那麼，一般的男男女女用盡所有精力到底是怎麼回事？是真的克服了困難，還是擔心即將發生的麻煩？總是說「明天，明天」，然而，明天永遠不是我們原來擔心的樣子。明天還好，它手裡握著好事，也握著麻煩。哎呀，當我坐下來仔細想想我曾擔心可能會突然湧向我的事情時，我大笑了！那些害怕擔心的事情，現在哪裡去了？我不知道，我幾乎已經忘了我曾擔心過它們。

你不需要對抗憂慮，那不是克服這個習慣的方式。只要練習專注，學著把注意力集中於眼前的事情上，然後，你會發現那個擔心的念頭消失了。頭腦一次只能想一件事情，如果，你專注於歡樂的事，其他事就會逐漸淡去。要戰勝令人不快的想法，有比對抗它們更好的方法。學著專注於相反的想法，你就已經解決了這個問題。

當頭腦充滿憂慮的想法，它就找不出時間想出對你有益的計畫。但當你全神貫注於快樂、有益的想法時，你會發現，它的潛意識會開始工作，而當時候到了，你會找到各種各樣的計畫和方法，讓你能利用它們來滿足你的需求。保持正確的心態，所有東西就會加諸到你身上。擔心沒有意義，擔心從來不曾有所獲，以後也不會有。生氣勃勃、興高采烈、快樂的想法會為我們吸引來相同的東西，憂慮則會把它們趕走。我們都要培養正確的心態。

第十七章　拒絕成為思維的奴隸

你的思想要不是忠實的僕人就是專制的主人——就看你允許它們成為什麼。你有最後決定權，作出你的選擇。它們要不是在堅定意志的指導下，以它們所知最好的方法做你的工作，而且不僅在你醒著的時候，也在你睡覺的時候工作。我們有些最好的心智成果是在意識靜止時完成的，正如這個事實顯現的，當早晨來臨，人們發現令人困擾的問題已經在夜裡解決了，顯然是在我們的頭腦不再想它們以後發生的。或者，它們會全面壓制我們，讓我們成為它們的奴隸，如果我們蠢到允許它們這麼做的話。世界上有超過一半的人是游移不定思維的奴隸，它們的思維或許很適合折磨他們。

你的頭腦是要為你帶來好處並為你所用，不是要利用你。似乎沒有什麼人了解這一點，以及知道管理心智的藝術。解開這個祕密的關鍵就是專注。經過些許練習，每個人的內在都能發展出正確運用心靈機器的能力。當你有某個心智工作要做，全神貫注在它上面，把其他事情都排除開，你將發現，頭腦會立刻開始做正事——即做手上的事，然後，事情立刻就會變得明朗開來。沒有了阻礙，所有無用的動作或失去的力量都被排除了。每一分能量都被拿來使用，而心靈轉輪的每一次轉動都有所得。有能力當個稱職的心靈工程師是有所回報的。

而懂得如何讓他的心智引擎運轉的人，知道其中重要的一點是能在工作完成後，讓它停下來。他不會在工作完成後，或者，在一天的工作量結束，爐火應蓋上灰燼等第二天再用時，還繼續往火爐裡加煤炭，維持著高度壓力。有些人的行事作風就好像不管有沒有任何工作要做，引擎都應該保持運轉，然後，他們抱怨它耗損、搖搖晃晃，需要修理。這些心智引擎是精巧的機器，需要運用智慧照料管理。

對那些熟悉心智控制法則的人來說，一個人夜裡躺在床上不睡覺，煩惱那一天的問題，或更常見的，煩惱第二天的問題，這似乎很荒謬。讓頭腦放慢就像讓引擎放慢一樣容易，數以千計的人在如今的新思維運動中學習做到這一點。最好的方法就是想其他的事——儘可能和闖入腦中的念頭不一樣。抱著「打敗」它的目的來對抗令人討厭的想法是沒有用的，那是浪費大好能量。你愈是想著：「我不要想這件事！」它就愈會不斷進入你的腦中，因為，你把它抓在那裡，以便擊倒它。放手，別再想它，把心思放在完全不同的事情上，運用意志把注意力維持在那裡。稍加練習就能讓你朝這個方向大幅進展。注意力的焦點一次只能容下一件事，因此，把你所有的注意力放在一個想法上，其他的就會偷偷溜走。你自己試試看。

第十八章　發掘生命的力量

我和你們談過擺脫恐懼的益處。現在，我想要給你們生命。你們很多人一直好像死了一樣地活著——沒有抱負、沒有能量、沒有活力、沒有興趣、沒有生命。這永遠行不通。你們停滯腐敗。醒來，顯出一些活著的跡象吧！這不是你們可以像僵屍一樣四處遊走的地方，這是給完全清醒、積極活潑、有生氣的人待的地方，而所需的就是全面覺醒。雖然，要喚醒某些人需要天使長加百利（Gabriel）猛然吹響他的號角*，這些人四處僵硬地遊走，以為他們活著，但他們其實對所有讓生命有價值的事都無動於衷。

我們必須讓生命流過我們，並讓它自然表現自己。不要讓生命中的小小煩惱，或者大大

---

* 加百利出現在許多不同宗教中，是負責傳遞天主訊息的天使，據說他吹響號角，宣布審判日的到來。

煩惱，使你沮喪而造成你失去活力。堅定主張你內在的生命力，把它表現在每一個想法、行動和行為中，不用多久，你就會振奮起來，而且會充滿活力與能量而興致勃勃。

為你的工作、你的消遣、你自己注入一些活力。別再半冷不熱地做事了，開始對你所做的事情、說的話和想的事情投入興趣。只要我們覺醒，我們會在生活中的平凡事物裡發現多少趣味，將令你感到驚訝。我們身邊都是有趣的事物，每一刻都有有趣的事情發生，但除非我們堅定主張我們的生命力，並開始真正活著而不僅僅只是存在，否則，我們不會察覺它們。

除非男男女女為日常生活的工作——那些行動、那些想法注入生命力，否則，他們不會成就任何事。這個世界需要的是精力充沛的男女。只要看著你所遇到的人的眼睛，看看他們幾乎沒有人真正活著。他們大部份的人都沒有那種神志清楚地活著的表情，這是活著的人和僅僅存在的人的區別。

我要你們得到這種有意識生活的感覺，如此一來，你們就能在生活中表現出來，並展示精神科學為你們所做的成果。我要你們今天就行動，開始依照最新的形式，把你們自己改造一番。你們可以辦到的，只要你們在工作中投入合宜的興趣。

「我很有活力」

在你腦中牢記這個想法，就是你內在的「我」活力十足，而你要在身心上都充分彰顯生命。讓這個想法留在那裡，幫助你自己不斷重覆這個口號。別讓這個想法溜走，要一直把它推回腦中去。盡可能在心中能一直看見它。當你在早上醒來時，重覆這個口號，晚上休息時念它，用餐時念它，還有白天任何可以的時候——至少一小時一次。在心中描繪你自己充滿活力與能量的畫面。盡可能實踐它。當你開始做一項工作時，說「我很有活力」，並在工作中盡量加入生命力。如果，你發現自己感到沮喪，說「我很有活力」，然後，深呼吸幾次，在每次吸氣時，讓腦中想著你正吸入力量與活力，而在吐氣時，想著你正把所有老舊、無用、負面的狀態吐出去，而且，很樂意擺脫它們。然後，以真誠且有活力的肯定句：「我很有活力。」作為結尾，還有，在你說的時候要是真心的。

讓你的想法化為行動。別只滿足於說你很有活力，要以行動來證明。做事情時投入興趣，別「晃神」或作著白日夢四處遊走。開始做正事，並且活著。

第十九章　訓練慣性思維

知名的心理學教師及作家威廉・詹姆斯教授（William James）*非常精確地說道：「教育最棒的一點就是讓我們的神經系統成為我們的盟友，而不是敵人。因此，我們必須盡早、盡可能讓自動與習慣像許多有用的行為一樣，並小心引導不要往可能不利的方向發展。在形成一個新習慣，或者停止一個舊習慣時，我們必須注意讓自己盡可能帶著強大而明確的積極主動性展開行動。在新習慣牢牢紮根在你的生活中之前，絕不要忍受例外發生。抓

* 威廉・詹姆斯（一八四二年一月十一日—一九一〇年八月二十六日）是美國哲學家和心理學家，與查爾斯・桑德斯・皮爾斯（Charles Sanders Peirce）共同創立實用主義，被譽為「美國心理學之父」。弟弟亨利・詹姆斯是知名作家。

住第一個可能的機會，並依照你所下的每個決心和你可能經歷的每一個情緒上的激勵而行事，朝著你想要擁有的習慣而去。」

這個忠告和所有精神科學學生所熟悉的話很類似，但是，它把這件事講得比我們大多數人之前說得都更直截了當。它使我們銘記，把適當的衝動傳送進潛意識心靈的重要性，如此，它們就會變得自動且成為「第二天性」。我們的潛意識心靈是各種來自我們和其他人的建議的大儲藏庫，而且，因為它是「慣性思維」，我們必須小心傳送適合的材料給它，它可能會由此形成習慣。如果，我們養成做某些事情的習慣，我們也許能肯定，潛意識心智會讓我們一再重覆做同樣事情時變得更容易，每一次更容易些，直到最到，我們被習慣的繩索與鏈條牢牢縛住，並且，發現要把我們從那件討厭的事情中解放出來，多少有些困難，有時幾乎不可能。

我們應該培養好習慣以備需要之時所用。需要我們付出最大努力的時候總會到來，而那取決於今天的我們在需要的時刻是否自動而且幾乎不用想就做出正確的事情，還是被與我們在那一刻想要的目標相反的鏈條所捆綁與阻礙而要使勁掙扎才能做到。

我們必須隨時保持警戒，避免形成我們不想要的討厭習慣。今天，做某件事也許沒有什麼特殊的壞處，或者明天也許再做一次，但習慣做那件特定的事後也許有很多壞處。如果，你面對這個問題：「這二件事，我應該要做哪一件？」最好的答案是：「我會做那件我想讓它成為習慣的事。」

在形成新的習慣，或打破舊習慣時，我們應該盡可能投入熱誠，以便在遭遇原有的相反習慣產生的摩擦力而耗光能量之前，能有最大的進展。我們應該開始在潛意識心智上盡可能烙下深深的印記。然後，我們應該時時提防，「就這麼一次」違反新決心的誘惑。這種「就一次」的念頭比其他任何原因所毀掉的有益決心都要多。在你屈服於「就這一次」的那一刻，你就讓楔子的薄邊插了進來，到最後，它會讓你的決心裂成碎片。

同樣重要的是，每一次你抗拒誘惑，你的決心就變得更堅定。盡可能早而且盡可能常常按照你的決心行事，因為，每次把思想化為行動，它就會變得更堅定。你每次以行動來支持決心，就會為你一開始的決心增加力量。

心靈被比作一張摺起來的紙。從此以後，它就一直傾向照同樣的摺痕摺起來，除非我們另有一條新的摺痕，那它就會照著最新的摺痕走。這些摺痕就是習慣，我們每次壓出一條摺痕，之後，心靈沿著相同的摺痕摺疊就要輕鬆多了。讓我們朝著正確的方向壓出我們的心靈摺痕。

第二十章　別對負面情緒讓步

人容易把情緒想成與習慣無關的獨立個體。我們可能很容易覺得，一個人的習慣是由行為或是思想中養成，但我們往往把情緒視為與「感覺」有關的東西，與心智的努力相當疏遠。然而，儘管二者有所不同，卻都取決於習慣，而一個人可以壓抑、增加、發展和改變一個人的情緒，就像一個人可以調節控制做事的習慣和思考的路線一樣。

心理學有一句格言：「重覆能夠加深情緒。」如果，一個人讓某種感覺全面佔領他，他會發現，第二次要屈服於相同的感覺就更容易了，類似狀況持續下去，直到那種特定的情緒或感覺變成他的第二天性。如果，一種令人不快的情緒顯示出在你內心佔領永久居所的傾向，你最好開始動手把它除掉，或至少制伏它。而且最好一開始就這麼做，因為，每一次重覆都讓習慣更加牢固，而要把它拔除的任務更加困難。

你曾嫉妒過嗎？如果有，你會記得它第一次如何悄悄地接近，它如何巧妙地對著你樂意接收的耳朵低語充滿憎恨的建議，還有，它如何逐步貫徹那些建議，直到，你終於開始嫉妒*。（嫉妒影響膽汁，導致它造成血液中毒，也因此綠色的概念總是和它有關。）然後，你會記得這個東西似乎開始長大，佔領你，直到你幾乎不能擺脫掉它。你會發現，下一次很容易就變得嫉妒。它似乎把所有顯然能證明你的猜疑與感覺的東西都帶到你面前來。一切開始看來令人嫉妒——綠眼怪獸愈來愈胖。

每一種感覺和情緒也是這樣。如果，你屈服於一陣怒氣，你會發現，下次很容易就因沒那麼激怒人的原因而生氣。感覺以及行事「刻薄」的習慣，如果受到鼓勵，不用多久就安穩地住在它的新家裡了。憂慮是個逐漸發展、變胖的強烈習慣。人們一開始擔心大事，然後，開始擔心一些較小的事情。接著，最微不足道的瑣事也讓他們擔心苦惱。他們想像所有不幸的事情就要降臨到他們身上。如果，他們出門旅行，他們確信會發生船難。如果來了一封電報，裡面肯定是可怕的消息。如果，一個小孩似乎有點安靜，憂心忡忡的母親確信小孩就快要生病，然後死掉。如果，丈夫似乎在沉思，因為他腦中正在反覆思考某個營運計畫，那麼，這個好太太堅信他就要不愛她了，於是放縱地大哭一場。情況持續——憂慮、憂慮、憂慮，每一次沉溺都讓這個習慣更加自在。過了一段時間，這種持續不斷的想法化為行動。不但心理被沮喪的想法所毒害，而且，前額的雙眉間還出現深深的皺紋，聲音也呈現出飽受憂慮的人常見的哀鳴、刺耳音調。

被稱為「愛挑剔」的心理狀態是另一種透過練習逐漸長胖的情緒。起初，在這件事裡挑剔，接著是那件事，最後，是每件事。這個人變成長期習慣性「嘮叨的人」，這對親友是個負擔，而且是外人想避開的人。女人是最嚴重的嘮叨者。不是因為男人有比較好一點，而只是因為，愛嘮叨的男人很容易就被其他男人打掉這個習慣，他們不會忍受他的無意義舉動。他發現自己處於極大壓力下，因此而改正，而女人則比較可能沉溺於這個習慣。但這種嘮叨只是習慣問題罷了。它從小小的源頭開始，每次放縱這個習慣，它就會長出另一條根、分枝或捲鬚，並把自己和那個給它土壤成長的人綁得更緊些。

妒羨、刻薄、八卦、散布醜聞，都是這一類的習慣。這些種子藏在每個人的心裡，只需要適合的土壤和一點點水就能長得高大健壯。

每當你對這些負面情緒讓步，你就讓它更容易因同樣的事情或類似的事情而重覆發作。有時候，因為鼓勵一種不適宜的情緒，你將發現你給了一整個這種心理雜草家族成長的

---

* 原文為 see green。

空間。

這不是一篇對抗不良思想之罪的傳統長篇大論。這只是要喚起你注意情緒心理學背後的法則。沒什麼新論點，都是老生長談，老到我們很多人已經都忘記了。

如果，你想要表現這些常常讓人討厭、不愉快的特質，並忍受它們帶來的痛苦，請儘管去做——那是你的事情，你的基本權利。不關我的事，而我也不是在對你說教，我忙著管好自己的事，並注意處理我自己不合宜的習慣和行為。我只是在告訴你，關於這個問題的法則而已，剩下的，你可以自己來。如果，你想要扼殺這些習慣，你有二條路可選。第一，每當你發現自己沉溺於一種負面思想或感覺時，好好抓住它，並堅定而有力地對它說：「滾出去！」一開始，它不會喜歡這樣，會發火，像一隻被惹惱的貓一樣拱起背來咆哮。但別理它，只管對它說「快點走開」。下一次，它就不會那麼有信心和侵略性，它會顯現出有點害怕的習性。你每一次壓制並扼住一種這樣的傾向，它就會變得更弱一些，而你會變得更強一些。

詹姆斯教授說：「不讓強烈的情感表現出來，它就會消失。在你發脾氣以前，先數到十，然後，它的起因看起來似乎就很可笑。吹口哨壯膽不只是一種比喻而已。另一方面，整天垂頭喪氣地坐著、嘆氣，然後，用一種悲傷絕望的聲音回應每一件事，你的憂鬱就會徘徊不去。每個經歷過的人都知道，在道德教育裡，再沒有比這句話更有價值的準則了：如果，我們想要征服我們內在的情緒傾向，我們必須堅持不懈，且在第一個例子中，冷血地完成那些與我們想要培養的性情相反的外顯行為。……舒緩你的眉間，睜亮眼睛，挺直背部而不是收縮腹部，並以正常且自然的音調說話，傳遞友好宜人的讚美，如果，你的心沒有逐漸融解，那麼它肯定真的很僵硬。」

第二十一章 開發新的腦細胞

我已經談過，透過把令人討厭的感覺驅趕出去而擺脫它們的策略。但更好的辦法是培養和你想要根除的感覺或情緒完全相反的感覺或情緒。

我們很容易認為自己是情緒和感覺的產物，並幻想這些感覺和情緒就是「我們」。但是，這根本不是事實。事實是，這個種族的大部份人都是他們的情緒和感覺的奴隸，而且幾乎完全被它們統治。他們認為，感情是支配一個人的東西，而一個人無法脫離它，因此，他們停止反抗。他們毫不質疑地屈服於感情，雖然，他們也許知道，情緒或心理特質打算要傷害他們，帶來痛苦與失敗而不是快樂與成功。他們說，「我們天生如此」，然後，就不再追究了。

新心理學教導人們更好的事情。它告訴他們，他們是自己情緒和感覺的主人，而不是它們的奴隸。它告訴他們，腦細胞可以被開發，並沿著想要的路線發展，而表現得非常令人討厭的舊腦細胞或許被放進退休名單中，並因不再使用而萎縮。人們有可能改造自己，改變他們的天性。這不只是毫無根據的理論，而是個說得通的事實，已經得到數以千計的人證實，而且有愈來愈多的人注意到。

不管我們抱持哪一種精神理論，我們都得承認，至少在我們目前的生活中，大腦是心智的器官和工具，而且，在這個問題上必須注意到大腦。大腦就像一個奇妙的樂器，有數百萬個琴鍵，我們可以用它彈奏出無數種聲音的組合。我們帶著特定的傾向、性情和習性來到這個世界。我們也許把這些傾向解釋成遺傳，或者用已有的理論來解釋它們，但事實還是一樣。某些琴鍵似乎比其他的鍵更容易對我們的觸摸有所反應。某些音符似乎在環境的氣流掃過琴弦時會發出聲音。而某些其他的音符則比較不容易受到振動。但我們發現，如果，我們靠意志的努力限制這些較容易發聲的弦，它們會變得較不容易發聲，而且較不可能被吹過的微風撥動。而如果，我們能注意一些其他不曾發出清晰音調的琴弦，我們很快就能讓它們有很好的表現，它們的音符會清楚而充滿生氣地鳴響，並蓋過較不悅耳的聲音。

我們有數百萬未使用的腦細胞等待我們去開發培養。我們只使用了其中一些，而這裡面有一些，我們會一直用到死為止。我們能藉著使用其他細胞，讓這些細胞的其中一些得到休息。大腦能以一種不曾研究過這個主題的人無法想像的方式加以訓練和培養。心態可以隨心所欲取得和培養，改變和丟棄。人們不再有藉口表現出令人不快和有害的心理狀態。我們手上就掌握著補救之道。

我們靠著重覆使用而養成思考、感覺和行為的習慣。我們也許天生帶著某種傾向，或者，我們的傾向可能來自其他人的建議，例如，我們身邊的那些例子、來自閱讀的暗示、傾聽老師的話語。我們是一大批心智習慣的集合體。我們每次沉溺在一個令人不快的想法或習慣中，就變得更容易重覆那個想法或行為。而我們愈常發出某個渴望獲得的想法，或做出令人滿意的行為，我們就更容易重覆那個想法或行為。

精神科學家習慣把令人嚮往的想法或心態說成「正向的」，而令人不快的則是「負面的」。這有個好理由。心智會本能地辨認出對它所屬的個人有益的特定東西，它會為這樣的想法掃清道路，且對它們施以最小的抵制。它們比令人不快的想法所造成的影響要大得多，一個正向的想法會抵銷掉許多負面的想法。戰勝討厭或負面想法和感情的最好辦法就是培養正向的想法和感情。正向思考是最強大的植物，會把負面思考生存所需的養分吸走，最終讓它餓死。

當然，負面想法一開始會強力反抗，因為這是它的生存之戰。如果，正面思考得以成長發展的話，它將看到自己的滅亡。結果是，它令事情變得使這個人感到很不愉快，直到他開始好好動手讓它餓死。腦細胞和其他任何一種生命能量一樣，都不喜歡被擱在架子上，它們反抗、掙扎，直到太虛弱而無法動彈為止。最好的辦法就是盡可能不要理這些心智雜草，而盡可能花時間照顧、關心心智花園中新種下的美麗植物，為它們澆水。

例如，如果你很容易就憎恨別人，你可以藉由培養愛來徹底征服這種負面思想。盡可能常想著愛，並表現出愛。培養仁慈的思想，並盡可能仁慈對待每個你接觸的人。一開始，你會遇到困擾，但愛會逐漸制伏恨，後者會開始低垂、枯萎。如果，你有憂鬱的傾向，培養微笑及興高采烈看事情的角度。堅持讓嘴角上揚，並以意志努力看向事情的光明面。當然，「憂鬱的惡魔」會展開對抗，請忽略它們，只管繼續培養樂觀與歡樂。讓「開朗、歡喜和快樂」成為你的口號，並努力實踐它。

這些訣竅也許看起來很陳舊、過時，但它們是心理學上的真理，而且，你也許能有效運用而得利。等你一旦理解事情的本質，或許就能了解數個學派的肯定與自我暗示之說並從中獲益。你或許能透過這個方法，讓自己變得有活力，而不是懶散；主動積極而不是怠惰。這都只是練習和持續努力的問題而已。新思維的人對於「記住那個想法」，常有很多話要說。而的確，為了達成結果，有必要「記住那個想法」。但還需要其他東西。你必須把想法付諸行動，直到它成為你的固定習慣。想法化為行動，反過來，行動會影響想法。因此，透過把某些想法化為行動，這些行為會對心智產生影響，加速和行動密切相關的那部份心智的發展。每次大腦有了某個想法，就更容易引發行動，而每次做一個行為，就更容易產生相符合的想法。所以，你看這個事的作用是雙向的——行動與反應。如果，你覺得心情愉快、很快樂，你很自然會大笑。而如果你能稍微笑一笑，你會開始覺得開朗而快活。你看出來我試圖要說明的事情了嗎？簡單說是這樣的：如果，你想要培養某種行為習慣，由培養與它相符的心態開始。而培養那種心態的方法，從做出或完成與那個想法相對應的行動開始。現在，看看你是否無法運用這個法則。選一件你真的覺得應該要做，但你不想要做的事。培養導向這個結果的想法——對自己說：「我喜歡做這個和這個」，然後完成這些動作（記得，要高興地做！）並把你喜歡做那件事的想法付諸行動。對所做的事投入興趣，研究出做它的最好方法，投入心力，以做這件事自豪，你會發現自己帶著相當大的樂趣和興趣在做這件事——你已經培養了一個新習慣。

如果，你偏愛以你想要去除的某個心理特質來實驗，它的作用是一樣的。從培養相反的特質開始，然後努力把它化為思想和行動。然後，注意看到將要影響你的改變。別因一開始會遭遇到的反抗而沮喪，要快樂地吟誦：「我可以而且我會去做。」然後，認真地開始工作。這件事的重點是要保持快活和興趣。如果，你能設法做到這點，其他的就簡單了。

第二十二章　慾望的力量

我們討論過擺脫恐懼的必要性，這樣你的慾望也許才能全力運作。假定，你已精通任務的這個部份，或至少開始往熟練之路邁進，我現在要把你的注意力引到這個主題的另一個重要分支。我指的是心智漏洞這個主題。不，我不是指你未能保守自己的秘密所引發的洩密事件——那也很重要，不過，那是另一個故事。我現在指的漏洞是，注意力被每個飄過的幻想所吸引和分散的習慣所造成的漏洞。

為了得到一個東西，心靈必須愛上它並意識到它的存在，幾乎要排除其他的一切。你必須愛上那個你想得到的東西，就像如果你希望遇到那個你想結為連理的女孩或男人的程度一樣。我的意思不是要你對這個主題變得很狂熱，並且對世界上一切其他事物都失去興趣——那樣是行不通的，因為心靈需要休閒娛樂和改變。但是，我的確意指，你必須要非常專注在想要的東西上面，因此，其他的一切似乎都變得次要。一個戀愛中的男人也許對其他人都很親切友好，而且，也許很有精神地完成生活中的工作與娛樂，但在心裡，他只會對自己哼著「只有一個女孩」這首歌，而他的每一個行動都致力於贏得那個女孩，為她打造一個舒適的家。你明白我的意思嗎？你必須愛上你想要的東西，而且，必須真誠地愛著它——不是現在的調情，「今天愛，明天不愛」的那種愛，而是老式傳統的，以前那種讓一個年輕人無法入睡，除非走到他最心愛的女孩家附近，只為了確定它還在那裡為止。那才是真正的愛！

追尋成功的男女必須把那個想要的東西變成他們最主要的熱情所在，他們必須專注於最主要的機會。成功要小心守護唯恐失去，所以，我們以女性稱呼它。她要一個男人所有的愛，如果，他開始和其他的美女調情，她很快就會轉身而去不理他。如果，一個男人讓他對最主要機會的強烈興趣轉移了，他就會失敗。心智力量在專注時會運作得最好。你必須把你最好的、最真誠的心思投注在想要的東西上。就像全心沉浸在愛河的男人會想出許多計畫與方案，藉此得以取悅他的佳人，同樣地，愛著他的工作或公司的男人會投入他最棒的想法，結果是意識層面中出現一〇一種計畫，其中很多都很重要。記得，心智在潛意識層面運作，而且，總是以類似最主要熱情和慾望的作用運作。它會整理東西，把計畫和方案併在一起，當你最需要它們的時候，它會讓它們在你的意識中突然出現，你會想要歡呼，就好像你得到外部的某些有力協助一樣。

但是，如果，你讓你的思維力分散，潛意識心靈會不知道要怎麼讓你滿意，結果是，你很容易被推離這種支援與協助。除此之外，你也會錯失專注在意識的思維並想出詳細計畫的強大成果。再一次，心思充滿數十種興趣的男人無法運用只有一個最主要熱情的男人所顯露出的吸引力，他無法吸引到會協助他想出計畫的人、事物和結果，他也無法讓自己進入吸引力潮流，藉此潮流得以接觸到那些因為一致的興趣而樂意幫助他的人事物。

我注意到，當我讓自己被日常工作以外的事物分散注意力時，我的收入很快就會減少，我的業務也停頓了。很多人會說，這是因為我沒有做一些，如果我的心思專注於工作時會做的工作。那是真的，但我注意到類似的結果出現在已經沒什麼可做的事情上——種子已播下，作物等著收成。但就在那樣的例子裡，一旦我把心思導引到那件事上，種子就會開始發芽。我的意思不是指，我得要發出意圖想要影響別人的強大心智波，完全不是。我只是開始了解，我手上有的是多好的東西，而人們有多想要它，他們有多樂意知道它的存在，還有這一類的事情，然後，看！我的想法似乎給了這個工作生命，然後，種子開始發芽了。這不是單純的幻想，因為，我曾在不同的狀況下有過同樣的經歷。我和很多人談過這個主題，我發現我們的經驗完全吻合。所以，不要養成造成這種心智漏洞的習慣。讓你的慾望保持新鮮有活力，讓它不要受到來自互相衝突的慾望干擾而開始工作。持續愛著你想要獲得的東西——用它餵養你的幻想，把它當作已經完成，但不要失去你的興趣。眼睛盯著最大的機會，讓你的最主要熱情一直都很強大而有力。不要當個心智上多伴侶的人，一個人只需要一個心智愛侶，也就是一次一個。

有些科學家聲稱，某個不妨稱為「愛」的東西，是整體生命的起源。他們聲稱植物對水的愛導致它把根伸出去，直到找到喜愛的東西為止。他們說，花對太陽的愛引發它朝遠離黑暗之處的方向生長，這樣它才能接受到陽光。所謂的「化學吸引力」其實是一種愛的形式。而慾望是這種宇宙生命之愛的表現。所以，當我告訴你，你必須愛你想要獲得的東西時，我用的不僅僅是一種比喻而已。只有強烈的愛能使你克服在道路上的許多障礙。只有那種愛才能使你擔負起任務的重擔。你對一個東西的慾望愈強，你就愈愛它；你愈愛它，用來得到它的吸引力就會愈大——在你之內，也在你之外。

所以，一次愛一個東西，不要當個精神上的摩門教徒（Mormon）*。

---

* 摩門教在十九世紀時實施一夫多妻制，一八九〇年後遭美國國會禁止。

第二十三章　不要低估自己

你已經注意到各行各業裡成功的強者，以及他們身邊失敗的弱者。你覺察到這二種人本性上的巨大差異，但發現要解釋差異所在有點困難。讓我們來看看這個問題。

巴克斯頓*曾說：「我活得愈久，愈確定弱者與強者、偉大之人與微不足道之人間的巨大差別在於能量與所向無敵的決心——一旦確定目的後，不是死就是勝利。這種特質可以在這個世界做到任何事，而且，沒有它，什麼天賦、條件、機會都無法讓一個二腳生物成為真正的人。」我看不出還有什麼比巴克斯頓說的話更能把這個概念表達得更清楚了。他已經確

* 湯瑪斯・福維爾・巴克斯頓（Thomas Fowell Buxton，一七八六年四月七日—一八四五年二月十九日），英國國會議員、廢奴主義者和社會改革者。

切指出這個主題的中心點，他的眼睛看穿它的核心。

能量與所向無敵的決心，這二個東西會掃除巨大的阻礙，並克服最大的障礙物。然而，它們必須一起運用。沒有決心的能量會被白白浪費。很多人都有很強的能量——能量多到滿出來，但他們缺乏專注力，他們沒有能使他們把力量投入正確地方的專注力。能量一點都不像很多人想像的是非常罕見的東西。我可以隨時往身邊看看，然後挑出一些我知道充滿了能量的人——他們很多還有超標的精力，然而，不知怎麼地，他們似乎沒有任何進展。他們一直在浪費他們的精力。現在，他們在玩這個東西——現在又在管那檔事。他們會挑某件沒有真正興趣或重要性的小事，然後花一整天的時間，浪費掉足夠的能量和精神完成它。然而，當他們做完時，並沒有完成什麼成就。

其他有充足能量的人，未能以意志力將它導引到想要的目標上。「所向無敵的決心」，這些是關鍵字。它們的力量沒有讓你戰慄嗎？如果，你有某件事要做，開始動手做。集中管理你的能量，然後以你的意志來引導它，賦予它那個「所向無敵的決心」，然後，你就能做好那件事。

每個人內在都有巨大的意志，但我們大部份人都太懶而沒有用它。我們沒有辦法讓自己勇敢到可以真心說出：「我會做。」如果，我們能夠鼓起勇氣到那種程度，然後，把它固定在位置上，好讓它不會溜回去，我們就能發揮那股神奇的力量——人類的意志。在多數情況下，人類對意志力只有最模糊的概念，但那些研究過神秘學說的人知道，意志是宇宙最強大的動力之一，如果施以適當控制與引導，它能完成近乎奇蹟的事情。

「能量與所向無敵的決心」，它們難道不是令人驚嘆的字眼嗎？記住它們，把它們像印模那樣壓進你大腦的蠟中，它們在你需要時，就會成為穩定的激勵來源。如果，你能讓這些字在你的生命中振動，你就是侏儒裡的巨人。再三念著這些字，看看你如何充滿新生命，你的血液如何循環，你的神經如何顫動。讓這些字成為你的一部份，然後，重新出發投入生命的戰役，信心倍增而且更為強大。把它們付諸實現。「能量與所向無敵的決心」，讓它成為你上班日的座右銘，你會成為能夠「做事情」的少數人之一。

很多人把自己和成功人士相比而低估了自己，說得更確切，是相比之後高估了成功人士，這個事實讓這些人嚇得不敢全力以赴。

那些和成功人士接觸過的人注意到的奇怪事情之一是，這些成功者一點都不特別。你遇到一個偉大作家，你很失望地發現，他實在非常普通。他的談話並不精采，事實上，你認識的許多普通人似乎都比這個以他書中的機敏讓你目眩神迷的人更為出色。你見到某個很厲害的政治家，他似乎遠不如你自己村中的許多老人家有智慧，這些老人家把他們的智慧浪費在沙漠空氣中。你和某個工業巨頭見面，他並沒有給你很精明的印象，這種特質在你鎮上的小商家身上很明顯。到底怎麼會這樣？這些人的名聲是假造的嗎？還是說，問題出在哪裡？

問題是：你想像這些人是以上等金屬打造而成，但很失望地發現，他們是用和你以及你身邊的人相同的元素打造而成的。但是，你問道，他們的偉大成就來自何處？主要是這個：相信他們自己以及他們與生俱來的力量；相信他們工作時，專心手邊工作的能力；還有不工作時，防止力量流失的能力。他們相信自己，讓每一分努力都有價值。你村裡的智者把他的智慧灑在每個街角，而且和很多傻瓜說話。如果，他真的有智慧，他就會把他的智慧存下來，放在它能發揮功用的地方。優秀的作家不會把他的機智浪費在每個來找他的人身上。事實上，他關上裝著他的智慧的抽屜，只有在他準備好要專注開始工作時才打開。那位工業巨頭並不想給你精明和「機靈」的印象。就算在他年輕時，他也不曾這麼做。當他的同伴在說大話、自吹自擂、吹牛時，這位未來的成功金融家正在鋸木頭，什麼話也沒說。

世界上那些偉大的人，也就是那些已經成功「到達」的人，和你或我，或我們其他人並沒有什麼不同，我們的基本元素全都一樣。畢竟，你只要見到他們，就能看出他們有多「普通」。但是，別忘了，他們知道如何運用他們內在的素材，而其他人則不知，事實上，甚至懷疑真正的素材是否在那裡。成功「到達」的男女的起點通常是，他們了解自己畢竟和他們聽到很多事蹟的成功人士沒那麼不同。這給了他們信心，結果是，他們發現自己能夠「做事」。然後，他們學會緊閉雙唇，不要浪費和揮霍他們的能量。他們儲存能量，把它聚焦在手邊的任務上；而他們的同伴則把能量到處亂灑，努力炫耀，讓大家知道他們有多聰明。成功「到達」的男女偏好等待隨著工作完成而來的掌聲，而且幾乎不在意那些隨著我們保證「有一天」要做的期望，或展示沒有工作成果的「聰明」而來的讚美。

那些和成功人士為伍的人通常自己也會成功的原因之一是，他們能夠觀察成功者，而且多少抓到他傑出的祕訣。他們看出，他是個普通人，但他對自己非常有信心，還有，他不會浪費能量，而是把所有的力量存下來用在眼前的實際任務上。然後，從實例中學習後，他們開始工作，把學到的一課用在他們自己的生活中。

那麼，這番談話的寓意是什麼？就是這個：別低估你自己，或高估他人。明白你是以好原料打造而成的，而鎖在你大腦裡的就是許多好東西。接著，開始動手做，打開那些好東西，用那些好材料做出什麼來。這麼做時，要專注於你眼前的事情，把你內在最好的東西分給每件事，知道你內在有很多更好的東西，準備好迎接即將來臨的新任務。把你最好的部份投入手上的工作，不要因為偏好某個之後的任務而把現有的工作蒙混過關。你的供應量是無盡的。別把你的好東西浪費在那些站在旁邊目瞪口呆看著你、監視你、批評你工作的人身上。把你的好東西留給你的工作，也別太急著得到掌聲。如果，你是個作家，把你的優秀想法留給你的稿子；如果，你是個生意人，把你的出色計畫留給真正的業務；如果，你是個政治家，把你的智慧留著重大時刻用。在每個例子中，別讓慾望把你的珍珠灑在——呃，灑在那些想看「免費好戲」的旁觀群眾面前。

或許，這次教學沒什麼「高深」內容，但卻是你們許多人很需要的內容。別再鬼混，開始做正事。別再浪費好原料，開始動手做出有價值的東西吧。

第二十四章　主張你的所有權

我在最近一次談話中告訴一個女子，鼓起勇氣伸手去拿某個她渴望了很多年，終於出現在眼前的好東西。我告訴她，看來好像她的渴望就要得到滿足了，吸引力法則把它帶來給她了。她沒有信心，一直重覆說著：「噢！這太棒了，不可能是真的——對我來說，這東西太好了！」她還沒有擺脫土中之蟲的階段，雖然，她看到應許之地*，但她拒絕走進去，因為，它「對她來說，太好了」。我想，我成功給了她足夠的刺激，讓她能主張她的所有權，因為，最後一次聯絡顯示，她擁有了那個東西。

但那不是我想要告訴你的事。我想要讓你注意到一個事實，沒有什麼對你來說是太好的

---

* 聖經中上帝許給以色列人的肥沃土地，意指期望中的樂土。

——不管那個東西可能有多棒，不管你看起來有多不配得到它。你有資格得到最好的，因為，那是你的直接繼承權。所以，別害怕開口問——要求——然後拿。世界上的好東西不是任何受寵愛兒子的遺產。它們屬於所有人，但只有那些夠聰明能認清他們有權擁有這些好東西，而且夠勇敢伸手去拿的人能得到。很多好東西都因為沒有開口要而失去。很多絕佳的好東西都因為你覺得你不值得擁有而沒注意到。很多很棒的東西，都因為你沒有信心和勇氣去要求並佔有它們而沒被發現。

正如這句古老的諺語所說：「只有勇者能抱得美人歸。」這條規則適用於人類的所有成就上。如果，你一直重覆說，你不配得到好東西，那對你來說太好，法則會傾向把你的話當真，並相信你說的話。那是法則的一個奇特之處——它相信你說的話，它把你當真。所以，小心你對它說的話，因為，它容易信以為真。跟它說，你值得最好的，沒有什麼對你來說會太好，那麼，你很可能會讓法則認真看待你，說：「我想，他說得對。如果，他要的話，我會把整個烘焙坊給他。他知道他的權利，試圖否定他的權利有什麼用呢？」但如果你說：「噢！這對我來太好！」法則很可能會說：「嗯，我不會覺得事情那樣很奇怪啦。他當然應該知道，我不需要反駁他。」於是，事情就這樣了。

為什麼有任何東西對你來說會太好？你曾停下來想一想，你到底是誰嗎？你是宇宙整體的具體呈現，絕對有權利擁有一切。或者，如果你比較喜歡這種說法，你是神的孩子，是一切的繼承者。你的兩種說法，其中一種是實話，或二個都是實話。無論如何，不論你要的是什麼，你只是在要求你自己的東西。你在要求時愈真心，你愈有信心得到它，你愈是伸手去拿它，你就愈肯定可以得到它。

強烈的慾望、自信的期待、行動的勇氣，這些會把你的東西帶來給你。但在你讓這些力量發揮作用之前，你必須意識到，你只是在要求自己的東西，不是你沒有權利要的東西。只要你的腦中存有一絲對你有權想要之物的懷疑，你就讓這法則的運作受到阻力。你儘管隨你高興強力地要求，但如果你對你想要之物的權利有一絲揮之不去的懷疑的話，你就缺乏行動的勇氣。如果，你持續把想要的東西視為屬於另一個人，而不是屬於你，你就是把自己變成一個貪婪或嫉妒的人，甚至是個受到誘惑的小偷。在那樣的情況下，你的大腦會不想繼續這個任務，因為，它會本能地對拿取不屬於你的東西這個想法畏縮不前，大腦是很誠實的。但當你明白，宇宙所擁有的最好的東西屬於你這個神的繼承人，而且，有足夠的東西分給所有人，你不會搶了別人的東西，那麼，阻力就會消除，障礙瓦解，法則繼續執行它的任務。

我不相信「謙遜」這套說法。這種溫順低調的態度對我沒有吸引力——一點道理也沒有。既然人類是宇宙的繼承人，而且有資格得到任何他的成長、幸福和滿足所需的東西，還有把那樣的事情當個美德！我的意思不是說，一個人應該有氣勢洶洶和主導一切的心態，那也很可笑，因為，真正的力量不是這樣展現的。說話氣焰很高的人是自己承認是個弱者，他以氣勢來掩蓋他的軟弱。真正的強者沉著、自制，而且帶著一種對力量的感知，不需要靠咆哮和小題大作來獲得力量。一定要遠離這種「謙遜」的催眠術，這種「溫順低調」的心態。記住烏利亞．希普*（Uriah Heep）的可怕例子，而且要小心不要模仿他。把頭往後仰，面對面看著這個世界。沒什麼好怕的——這世界怕你的程度，就像你怕它一樣。當個男人或女人，不要當個爬蟲。這適用於你的心態，以及你外表的舉止。停止你腦中的爬行。把自己想成站得筆直，大無畏地面對生命，你就會逐漸成為你理想的樣子。

沒有什麼對你來說會太好——一個都沒有。現有最好的連對你來說夠好都不是，因為，前面還會有更好的。世界要給出的最好禮物，和宇宙中等待你成年去領取的最棒東西相比，只是美觀的廉價品。所以，別怕伸手去拿這些生命的小玩具，這些意識層面的廉價品。伸手去拿，抓一把過來，玩到你厭煩為止，反正，那就是它們的作用。它們是專門給我們用的——如果你想的話，不是拿來看，而是拿來玩的。自己動手拿——有一整間這種玩具，等著你去要，去要求，去拿取。別害羞。別再讓我聽到這種東西對你來說太好的蠢話。哼！你一直就像皇帝的小兒子那樣，覺得錫兵和玩具鼓對他來說太過於好而拒絕伸手去拿。但通常，你在小孩子身上看不到這種困擾。他們本能知道，沒什麼對他們來說會太好。他們想要玩所有看得到的東西，而且，他們似乎覺得東西就是他們的。而那正是我們追尋神聖之旅的人要培養的心態。除非我們變成兒童，否則我們進不了天堂。

我們身邊所見的東西是上帝幼稚園裡的玩具，用在我們遊戲任務裡的玩具。自己動手拿——毫不羞怯地開口要它們，你能用多少就要多少，它們是你的。如果，你沒看到你想要的東西，開口問——架子上和櫃子裡存放著大量的貨品。玩，玩，玩，玩到你盡興為止。學著編織墊子、用積木蓋房子、縫出四邊形的輪廓，把遊戲從頭玩到尾，而且，玩得很好。要求所有適合遊戲用的材料，別害羞，東西夠大家分配。

但別忘了這點！雖然，這一切都是真的，但最好的東西仍然只是遊戲用的東西——玩具、積木、墊子、小方塊，還有其他類似的東西。有用的，學習課程最有用的工具；令人愉快的，拿它來玩最令人愉快；還有渴望獲得的，最渴望為了這些目的而得到。從使用這些東西中，盡可能得到樂趣和益處。全力投入遊戲，把它玩個徹底，這樣很好。但要記得這件事

＊ 烏利亞．希普是十九世紀英國作家狄更斯（Charles Dickens）小說《塊肉餘生記》（*David Copperfield*）中的角色，非常謙卑、諂媚、虛假，令人倒胃。

——永遠別忽略了這個事實，這些好東西都只是玩具，是遊戲的一部份，當到了要進入下一個年級時，你一定要很樂意把它們放到一邊，而且，不要因為你得把玩具留下來而大哭或傷心。別讓自己變得過度依戀它們，它們是給你用和娛樂的，而不是你的一部份，不是你在下個階段的快樂所必需的。輕視它們不是因為它們不夠真實——它們是相當好的東西，而你不妨從中得到最大樂趣，別當個精神上一本正經的人，站在一邊不願加入遊戲。但別受到它們的約束，它們很好用很好玩，但沒有好到可以用你或把你變成玩具。別讓玩具扭轉局勢。

這是當形勢的主人和當形勢的奴隸的差別。奴隸以為這些玩具是真的，他不夠好，不能擁有它們。他只得到一些玩具，因為，他害怕要求更多，而錯失了大部份的樂趣。然後，因為把玩具當真的，不知道這些玩具的來源處還有更多玩具，他讓自己附屬於這些來到他身邊的小玩意，讓他自己成為它們的奴隸。他害怕，它們可能會被拿走，他也害怕搖搖擺擺地橫越過地板，自己去拿其他的玩具。主人則知道，只要開口，一切都是他的。他每天要求他需要的玩具，不擔心會拿太多，因為，他知道那裡還有更多，而他不會被騙走這些玩具。他玩，玩得很好，而且玩得很開心，在遊戲中學會他的幼稚園功課。但他沒有過度依戀他的玩具。他樂意扔掉破舊的玩具，然後伸手去拿新的。而當他因為升級被叫到下個房間去時，他把那天的破舊玩具扔在地上，帶著閃亮的雙眼和自信的心態，走進下個房間——走進美好的未知中，臉上帶著笑容。他不害怕，因為，他聽到老師的聲音，知道她在那裡等他，在那個很棒的隔壁教室裡。

第二十五章 一切絕非運氣使然

前不久，我和一個男人談到思想的吸引力。他說，他不相信思想能吸引任何東西過來，全都只是運氣問題而已。他說，他發現惡運無情地糾纏著他，他所碰過的所有事物全都會出錯。情況一直如此，未來也會如此，他已經漸漸變得如此預期。當他著手做一件事，他早就知道會出錯，不會有好結果。噢，不！就他到目前為止所看到的情況，思想吸引力理論根本就是假的，全都只是運氣而已！

這個男人沒有看出來，在他自己坦白的故事裡，他給出了支持吸引力法則的最具說服力論點。他證稱，他總是預期事情會出錯，而它們也總是如他預期的狀況。他是吸引力法則的最出色實例，但他自己不知道，而且似乎沒有論點能讓他看清這個問題。他「陷入困境」，沒有出路——他總是期待惡運，而發生的每件事都證明他是對的，精神科學工作全都是胡說八道。

很多人似乎認為，吸引力法則的唯一運作方式就是一個人努力地、強烈地和持續地許願。他們似乎不了解，強大的信念和強大的願望效果一樣。成功的人相信他自己和他最終會成功，不在意小小的挫折、絆倒、跌倒和滑倒，不顧困難熱切地繼續朝目標前進，從頭到尾都相信他會成功。隨著他的進展，他的觀點和目標也許會改變，而他可能改變他的計畫，或說讓它們為他改變，但他心裡一直知道，他最終會「到達那裡」成功。他不是持續希望他可能會成功——他就是這樣覺得和相信著，因此，讓在思維世界中所知最強大的力量開始運作。

同樣堅定相信他會失敗的人，一定就會失敗。他能有什麼辦法？這裡面沒有什麼特別的奇蹟。他所做、所想、所說的每一件事都帶著失敗的氣息。其他人捕捉到他的心境，不能信任他或他的能力，而他反過來把發生的事當作他的惡運的另一次展現，而不是把它們歸因於他相信並預期會失敗的念頭。他一直對自己暗示會失敗，那他就一定會受到自我暗示的影響。然後，他再次因為他的負面思想，關上大腦中應該會產生有助成功的念頭與計畫的區域，而因為相信而期待成功的人，這樣的念頭與計畫就真的產生了。沮喪的狀態不是會讓我們想出高明點子的狀態。只有當我們充滿熱情與希望時，我們的大腦才會想出我們說不定可以用到的高明點子。

人憑直覺會感覺到失敗的氣氛盤旋在他們某些同事身上，而另一方面也會認出其他人身上的某些東西，讓他們在聽到某人遇到一時的災難時會說出：「噢，他總會熬過去的，你打不倒他。」這是主要心態所產生的氣場。清理一下你的精神氣場！

沒有運氣這種東西。處處皆是法則，而所發生的一切都是因為法則的運作才發生的。你無法舉出一件最普通的事是偶然發生的——試試看，然後把這件事分析到最後，你會發現，它是法則的結果。它就像數學一樣清楚明白。計畫與目的；因與果。從世界的各種活動到芥茉種子的生長，全都是法則的結果。石頭沿山坡滾下去不是偶然，是運行了幾個世紀的力量所造成的。而在那個原因之後是其他的原因，情況持續下去直到到達絕對者。

生命不是運氣的結果，法則也在這裡。無論你知不知道，無論你相不相信，法則都全力運轉。你也許是對法則運作在身上一無所知的人類，而因為你對法則一無所知或反對，而給自己帶來各種麻煩。或者，你也許認同法則的運作——可以說是，進入了它的氣流——然後，對你來說，生命似乎變得相當不一樣了。你無法拒絕和它有任何關係而置身法則之外。你可以反對它，然後引發你想要的所有阻力——這傷害不了法則，而你可以繼續這樣，直到你學到教訓。

思想吸引力法則是這個法則的其中一個名字，更確切地說，是它的一種表現形式。我再說一次，你的思想是真實的東西。它們從你身上往四面八方散發出去，和類似的想法結合、與不同特質的思想對立、形成聯盟、往吸引它們的地方而去、遠離與它們相反的思想中心。你的心靈吸引他人的思想，那是他們有意識或無意識發出來的。但它只會吸引那些和它自己一致的思想。在思維世界裡，喜歡會吸引喜歡，相反會排斥相反。

如果，你把你的心靈基調設定在勇氣、信心、力量和成功上，你會把類似性質的思想、類似本質的人、符合這種心靈調性的東西吸引過來。你的主要思維或情緒會決定把什麼吸引過來——選出你的心智夥伴。你今天啟動思想潮流，它不久就會吸引來和你思想的主調一致的思想、人和條件。你的思想會和類似本質及心靈的人的想法混合，你們會彼此吸引，而且，一定遲早會因共同的目標而在一起，除非，你們其中一人改變了他的思想潮流。

接受法則的運作，讓它成為你的一部份。進入它的氣流。保持你的平靜。把你的心靈基調設定成勇氣、信心和成功。接觸每個小時從數百個大腦發出的所有類似思維。拿取思維世界中最好的東西。最好的就在那裡，所以，不要滿足於次等的東西。和有好頭腦的人為伍。進入對的振動。你一定厭倦了被法則的運作丟來丟去——和它協調一致。

第三部
思維練習

第二十六章　在開始之前

理論不過是一顆顆巨大的肥皂泡泡，是已經成年的科學人士自娛的玩意兒。

大多數撰寫這個學科的作家，幾乎都把全副心力和篇幅用來證明兩件事：第一，個人吸引力真的存在；第二，他們自己那套理論最能解釋這種現象。有些人將具影響力人物的力量歸功於吃素，但是某些最有「吸引力的」個人其實餐餐「無肉不歡」。其他的則堅持獨身和禁慾或許能讓人發掘箇中秘密，只是絕大多數有「吸引力的」個人，在性愛方面的習慣跟較沒吸引力的人其實沒什麼兩樣。還有些人主張「吸引力」充斥在我們周遭空氣中，因此，只要深呼吸就能大量吸取這種生命精華，讓我們像蓄電池般充滿力量。如此這般，每個作家都有一套自己講、自己開心的小理論。

我無意挑上述論述的毛病。我雖然沒有吃全素，但我很同情那些秉持全素信念的人。我雖然沒有過著獨身生活，但我認為禁慾主義有不少好處，對於貞潔的優點也跟眾人看法一致。我雖然不接受從大地之氣吸取「吸引力」這種理論，但我深信並大力提倡「深呼吸」，認為如果人人都能這麼做，許多疾病和身體虛弱的問題就會從世界上消失。這些說法都很不錯，但稍微深思一下，就會發現這些都不是所謂的個人吸引力這種特質之所以會產生的主要因素。撰寫這個學科的作家通常向讀者說明，一旦得到並學會如何運用這種力量，可以帶來哪些美好的可能性，僅此而已。然而，對於如何得到這種力量，他們著墨甚少，甚至隻字未提，他們只是說明自己的理論。他們傳達論述，但沒有指引作法。他們只會說教，不會指導。他們沉迷於理論，忽略事實。

作家和理論家並非為這門科學研究帶來實質進展的人，少數懷抱熱忱的研究者才是。他們做了無數實驗，調查每條資訊管道，將這個美好的學科帶離純粹推測的範疇，放到有科學根據的基礎上。

我密切學習並研究這個學科多年，試著從自己和這個領域同事的調查和實驗中抓出基本原則，並傳授給學生。因此，我只會說明經過證實的事實和實用的指示，除非絕對必要，否則不會講到理論。

依我來看，若我向你詳盡介紹某個論點，企圖證明個人吸引力（姑且這麼稱之）這個美好力量確實存在，它潛藏於人的內在，只有少數人把它發掘出來，但所有人都有可能學會這種力量，如果我這麼做，就是在侮辱你的智商。

試圖證明它的存在，好比企圖說服智商普通的人磁鐵會吸針；X光可以穿透身體或更堅硬的物體；訊息是透過電流、光束、甚至不需要任何媒介，就能藉由空氣透過無線電報傳遞。每個有智商的人都知道這些現象的存在，不必再向他們證實。如果他對相關主題感興趣，會希望學習如何操作這些力量，以便自己重現這些實驗。學習個人吸引力的人也是如此。他每天在自己周遭看到這種力量，知道在這股力量的協助下能成就哪些奇蹟。他說不定也清楚自己已經把這種力量開發到某個程度。他想要的是熟悉相關作法，以便完全開發並善用這股潛藏在人體內的力量。因此，我不會試圖證實這股力量的存在，我相信這點是不言自明的。

我也不打算囉囉嗦嗦地討論各種個人吸引力理論。我沒有自己的一套理論可以提出。我會努力教你如何取得成果，你之後再去讀這個學科的相關理論，說不定也可以自己設計新的理論。我會簡要說明我對這個現象的根本原因有何見解，但不會強迫你接受我的觀點。你大可接受或拒絕任何理論，因為個人吸引力的成果完全不是取決於任何特殊形式的信念。許多取得最佳成果的人放棄了一個又一個理論，最後表示不再企圖解釋成果背後的真正原因，只要知道如何得到成果，沒有教條式的理論也無妨。

以上就是我的說明。理論就講到這裡為止，接下來我將進入實踐的領域，努力指導你發展並運用這股偉大的力量，讓你重現別人已經取得的成果，說不定你也能成為研究先驅，破除長久以來圍繞著這個學科的迷信和神秘氛圍。我不會要求你接受你無法證明的理論。

第二十七章　力量的本質

對大多數人來說，個人吸引力這個詞的意思是有吸引力的個人身上散發磁波，將在其磁力範圍內的人都吸引過來。儘管這個想法整體來說是錯的，其中卻有不失為真之處。人體確實會散發有吸引力的波，但這不是磁波，因為「磁」這個字暗示其跟磁石和電流有某種關聯性。*人體磁波在作用上雖然跟磁石和電流有些許相似之處，但其來源或固有本質與這兩者沒有實質關聯。

所謂的個人吸引力是指從人腦傳出細微的思想波，也稱為思想振動波。我們大腦所產生

---

* 個人吸引力英文為Personal Magnetism，直譯為「個人磁性」，故作者特別釐清其在英文字面上容易產生的誤解。

的每個思想都是一股強度不一的力量，其強度高低取決於思想產生時所被賦予的動力。我們思考時會傳送細微的波，它像一道光一樣發出，影響其他與我們在空間上相距甚遠的人的心智。有力的思想在傳遞時充滿強大力量，往往能夠壓制他人心智對外在印象的本能抵抗。無力的思想則無法進入別人的心智堡壘，除非這座堡壘防禦不佳。順著相同的思路連續傳送重覆的思想，通常可以讓人進入他人心智。然而，就算是比較強大的思想波，如果只傳送一次，還是會被擊退。這就好比在精神世界示範物理定律，也是「滴水穿石」的例子。

我們受他人思想影響的程度遠大於我們的體認。我指的不是他人的意見，而是思想。一位撰寫這個主題的偉大作家說了一句相當貼切的話：「思想即物質。」思想就是物質，而且是最強大的物質。除非我們了解這個事實，否則我們將任由強大思想力擺佈，卻對它的本質一無所知，對它的存在加以否定。相反地，如果我們了解這股美好力量的本質和它背後的法則，就能加以掌控，將之變成我們的工具和助力。

我們所創造的每個思想——無論強弱、好壞、健康與否——都會傳送振動波，或多或少影響我們所接觸到，或可能進入我們思想振動波範圍內的所有人。思想波就像將石子丟進池塘所激起的漣漪。漣漪從中心點向外擴散，以逐漸擴大的圓圈移動。當然，如果一股動力將思想波用力投射向特定物體，在那一刻會更強烈地感受到它的威力。

我們的思想除了影響他人，也影響我們自己，不是短暫、而是永久的影響。我們是自己所想出來的樣子。《聖經》說的「他在想什麼，他就是什麼樣子的人」字面上是正確的。*我們都是自己的心智創造出來的生物。你知道讓自己陷入憂鬱的心境有多容易，反之亦然，但是你並未領悟到，在特定思路上反覆出現的思想不只會呈現在性格上（這是真的），還會體現在思想者的外貌上。這是一個顯而易見的事實，只要環顧四周就會發現。你已注意到一個人的職業如何反映在他的外表和整體性格上。你想是什麼造成這種現象？正是他的思想。如果你換過工作，你的整體性格和外表會隨思想習慣的變化而改變。你的新職業會產生新的思路，而「思想會表現在行動上」。你或許不曾如此看待這件事，但這是千真萬確的，只要觀察周遭就會發現充分證據，證實此言不假。

心裡有幹勁的人會展現幹勁。想著勇氣的人會表現勇氣。認為「我做得到，而且我會做到」的人會達成目標，想著「我做不到」的人則會被「丟下不管」。你知道這是真的。那麼，是什麼造成差異呢？就是思想——平凡無奇的日常思想，如此而已。當然，行為會跟隨思想而至。為什麼？因為它也無能為力。行為是隨著強烈思想而來的自然結果。你只要認真

*《聖經》箴言23：7。

思考，剩下的行為自然會去處理。思想是世界上最偉大的事物。如果你現在還不了解這點，完成這個課程後，你將有所體悟。你或許會說這對你來說了無新意——你早就知道「下定決心」諸如此類的話。那你怎麼還沒採取行動、做出一番成就呢？我來告訴你吧。你心裡想的不是「我做得到」而是「我做不到」。現在，我要把「我做不到」變成「我做得到」甚至是「我會做到」。這是我寫這本書的原因，我打算讓你脫胎換骨才會放你走。

我猜你以為我會給你一套詳盡、玄奧的論述，來解說一些不著邊際的東西，也希望我教你如何讓自己充滿吸引力，好讓你彈指就能施展奇蹟，或像磁鐵吸引金屬那樣吸引每一個人，對吧？我並沒有要這麼做。但我打算教你如何從內在產生一股力量，一股讓磁鐵的吸力相形見絀的力量；一股讓你成為男子漢的力量；一股讓你實現心目中的自己的力量；一股讓你具備強烈人格特質的力量；讓你成為有影響力的成功人士。我會教你如何學會所謂的個人吸引力的特質，只要你是認真想要學習。這是一個值得努力得到的特質，當你感受到一股新的力量在你體內發展，就是給你再多錢，你也不會拿這個新發掘的知識來交換。

如何，你已經覺得有點變強了對吧？這是當然的了。我從來沒有遇過跟學生講五分鐘「我做得到」、「我會做到」和他們「心目中的自己」，學生卻沒聽到抬頭挺胸、深吸一口氣並定睛直視我的情況。這是「思想反映在行為上」的現象。抓到重點了嗎？我已種下自我認知的種子，現在它開始發芽了。

結束這堂課之前，我想跟你介紹另一個非常重要的東西，那就是締合思想力。請注意這個東西，因為它至關重要。

為了避免使用科學解釋和技術用語，我就這麼簡單說明吧。

思想吸引類似的思想。好的思想吸引其他好的思想，壞的吸引壞的；有力的思想也是一樣，灰心和懷疑的思想也遵循這條規則，整個思想領域都是如此。

你的思想吸引其他人對等的思想，增加你在這類思想的庫存。抓到重點了嗎？想著恐懼的念頭會吸引旁人恐懼的想法。越是想著這個念頭，就有越多不悅的思想湧向你。想著「我無所畏懼」，周遭所有勇氣念頭的力量都會靠過來幫助你。試試看吧。我是說試試後者吧。不要想恐懼的念頭。你知道恐懼和向來隨之而至的擔憂，比起世界上任何東西更會導致苦難、不幸和失敗嗎？而恐懼和仇恨則會衍生出所有卑劣思想。我會在後面幾堂課深入講解這個議題，但現在讓我竭盡所有熱忱，敦促你斬除所有劣根——恐懼和仇恨。將之連根拔起。它們會毀了整座花園，滋生其他惡草，像是擔憂、懷疑、膽怯、缺乏自我尊重、嫉妒、惡意、怨恨、嫉羨、誹謗和病態想法。我不是在說教，但我知道這些卑劣思想正阻礙你進步，假如你停下來想想，也會體認到這點。拉開窗簾，讓明亮、欣喜、快樂的純潔陽光照進來，懷疑、絕望和失敗等細菌就會離開，尋找更適合它們的環境。

假如你是我最親愛的朋友，而我知道這將是我在人間的最後一個訊息，我會向你大喊，在我的喉嚨能承受的範圍內聲嘶力竭地喊：「擺脫恐懼和仇恨思想吧。」

第二十八章　思想力如何助你一臂之力

我向你說這些話時，是假設你渴望發展內在力量以獲得成功。人生中的成功在很大的程度上取決於是否具備吸引、影響他人的特質。無論你具備哪些其他特質，如果欠缺我們習慣稱之為個人吸引力的微妙力量，那就什麼也做不了。看看周遭，你會發現幾乎每個達成目標的人都具備吸引、說服、影響或控制他人的能力。他們都是所謂的「強」人。這條偉大的規則很少有例外，而這些例外只會更加證實這條規則。我們通常可在展現藝術、科研、發明和文學創作等成就的人身上看到這些例外。從事情本質來看，我們可以很容易看出他們的成就取決於全力以赴、孜孜不倦地研究或努力，比較不是因為衝勁、精力、影響力、對人性的了解，或指揮他人的能力而獲得這些成就。他們在自己努力耕耘的領域是成功的，但他們勤勞的成果往往被其他更世故的人給採收走了。如果這些日以繼夜工作的人理財有道，那也是因為某個更積極的人掌控他們工作的事業面，並將之經營得有聲有色。在這種情況中，這個積極的人通常是收獲最多的。

這是真實狀況，我把成功視為獲得財務上的報酬並不為過，而要獲得財務上的報酬，絕大部分必須取決於追求成功者的個人吸引力。了解如何善用心智控制的力量能讓發明家、學生、作家和科學家受益良多。不過，「人中之人」更要確保的是獲得這種美好力量的最佳成果，因為那不只為他帶來成就，更帶來成就的物質形式——也就是金錢。

金錢本身並非崇高的理想，但若將金錢視為一種手段，能讓自己置身在人生中最棒的事物裡，那它就是值得努力追求的目標。因此，我有正當的理由將金錢當作我所追求的目標。

再說一次，人生中的成功絕大部分取決於我們使他人產生興趣，進而吸引、影響、控制他人的能力。我想這點毋須論據，只要你對人間事物有一絲一毫的了解。

接下來是學會如何獲得這股寶貴而美好的力量。答案是：熟練心智控制法則。這不只是個人吸引力的祕訣，更是人生成功快樂的祕訣。對熟練這個法則的人來說，整個世界都任其予取予求。就連不用心、沒毅力練習開發這種內在潛藏力量的人，光是了解這個學科，就會變得更強大、更積極。

你或許會說：「這都很棒，不過你倒是說說如何開發這股力量。」而這正是我現在在做的事。我用簡單的步驟引導你了解這個理論。我希望用自然的方式呈現這個想法，免得害你腦袋消化不來。

現在我先總結一下整體理論，然後再開始細述這個學科。

我已告訴你可以透過各種方式運用思想力，來影響他人並取得成功。我已讓你了解思想如何造成影響。在開始下一堂課前，最好再提醒你一下，思想可以藉由哪些不同方式來影響他人，進而幫助你成功。

思想可透過下列方式來協助你：

一、透過積極思想力，當面對他人進行暗示並產生直接影響。這邊我指的是讓他人對你的方案和計畫產生興趣、取得他們的協助、獲得他們的贊助，並從整體上影響他們。某些人天生俱備這項技能，不過任何有意志力和毅力的人，都能開發這種內在潛能。大多學習這個學科的人都想先了解這方面的心智控制方法，再進入其他階段。因此，我會在下一堂課先講解這點。

二、透過心智發出的直接思想振波，對他人心智產生強烈作用，除非對方了解如何保護自己不受影響，以及如何對他人產生積極作用的祕訣。了解這個法則也將讓你對他人心智所散發的思想波產生積極心態。

三、透過締合思想力發揮「同類相吸」作用。持續在腦中想著特定思想，就能從周遭那看不見卻強大的偉大思想體中，吸引本質相同的思想和影響力。這是自然界最強大的力量之一，若使用得當，則會從最意想不到之處得到協助。「思想即物質」，而且思想具備美好的力量，能吸引振動強度和特質相同的思想波。

四、透過思想力塑造你的性格和氣質，以達到組織對你的要求。你缺乏成功所需的特定特質，這點你比別人都更清楚，但你一直盲目地相信這些缺點是你的一部分，認為「江山易改、本性難移」。對你來說，心智控制法則研究猶如強大的盟友，讓你能夠克服這些缺點，得到新的性格和特質，同時強化原本就具備的長處。我會努力透過這個課程，讓你一開始就踏上正確的道路。我會為你打開這條路，但修行必須看你個人。無論是在這項研究或其他領域，每個人都必須努力自我解救。

第二十九章　如何對他人發揮影響力

在接下來的兩章，我會努力用平易近人的方式，說明在面談中對他人施展影響力的過程，從而讓他人對自己的方案和計畫產生興趣、取得他們的協助和支持、獲得他們的贊助，並從整體上影響他們。我們都認識有能力達到這種成果的人，但都只會讚嘆他們的奇特力量，卻不努力學會這種力量。

當面影響他人的技藝必須用到前面幾堂課提到的幾種心智影響法，而且這門技藝融合每種方法的本質。在沒有講到後面課程完整內容的情況下，實在很難清楚介紹這個階段的心智影響力。我也只好大概說明這幾個不同的子題，等到稍後讀到這些子題時，我再深入解說。我建議你完成整個課程後，再回來仔細看一遍，你將更清楚了解這個學科，許多現在看起來多少有點模糊、令你不甚滿足的概念，將會更清楚易懂。

跟人面對面時，我們可以透過幾種方式影響他們。這些方式可概分為三種：

一、透過聲音、舉止、表情和眼神直接暗示。這裡指的不只包括我們對別人有意的暗示，還包括每個認真的人自己在無意之間的暗示。

二、透過我們的心智刻意、努力地向他人傳送思想波。

三、透過思想過程中產生的締合特質，這我在上一堂課已經說過。一旦產生這股力量，它會不由自主地運作，並形成個人吸引力中最驚人的階段。

我在這堂課只會討論第一種形式的個人影響力，後面的課再介紹其他幾種形式。在篇幅有限的情況下，最難清楚而完整地介紹暗示這個主題。學過催眠術或催眠暗示的人，就會了解我說的「暗示」是什麼意思。至於沒有學過的人，我會這麼解釋：「暗示是透過任何感官，有意識或無意識地接收到的印象。」我們一直在接受或拒絕各種暗示，接受或拒絕取決於自己易受暗示的程度，開發或培養心智的非接受性特質，則可決定易受暗示的程度。我們沒辦法深入討論所謂雙重心智的主題。雙重心智有各種不同稱法：主觀和客觀心智、自主和非自主心智、有意識或潛意識心智等等。對於想要充分了解這個主題的學生，我建議閱讀幾本催眠術或催眠暗示的佳作。市面上有幾本討論這個主題的好書，但我推薦The Library Shelf出版的神秘叢書（A、B、C、D系列），這些書籍教導個人吸引力、催眠術、暗示等心靈相關研究。

為了讓學生了解我想表達的是將暗示做為發揮個人影響力的手段，我得先說明心智大致上有兩種功能，也就是所謂的積極和消極功能（這裡延用我其他作品中的名詞）。積極功能負責執行自主、有意的思考，它體現在所謂的「意志力」上。這是主動、有活力、有精神、完全清醒的人忙碌時會用的功能。消極功能做的是本能、習慣性、不由自主的思考，不須發揮「意志力」，反映在跟積極功能完全相反的思路上。消極功能是人最有用的僕人，它執行更多心智工作，做盡所有乏味的差事，完成它被分配的任務，卻得不到一句讚美或感謝。它沒有半句怨言地工作，而且顯然不費半點力氣，也從不疲累。相反地，積極功能只有在意志被激發時才會開始工作，而且比消極功能耗用更多腦力。它做的是積極有力的心智工作，在付出大量努力後就會疲累，喊著要休息。你在使用積極功能時，多少有意識到自己正在努力，但在使用隨和、忠誠、善良的消極功能時則非如此。我想這樣稍一解釋，你就了解這兩種功能的個別特徵。

有些人用消極思路來思考幾乎所有事情。這樣的人覺得有自己的思想太辛苦了，與其產生自己的想法，他們情願用別人「現成的」想法。這樣的人基本上是言聽計從的。他們相當容易上當，接受幾乎任何熱切、正向的說辭。這樣的人相當容易受到暗示，基本上是任由心智更為積極的人宰割。他們很難拒絕別人，容易向別人說「好」，如果說「好」比較簡單、比較不用思考的話。其他人不那麼易受暗示，有些人有時幾乎無法被暗示。但當他們放鬆、讓積極功能休息時，會比其他時候更容易被暗示。

為了讓你在心裡描繪這兩種功能的樣子，以便執行這個課程的指示，我想請你想像一對合夥做生意的雙胞胎兄弟。他們外表完全一樣，但特質截然不同，而且都能勝任各自負責的職務。事業上的盈虧由兩人共同均攤。消極的兄弟專心收貨、填寫訂單、包貨、貼好標籤等等。積極的兄弟負責銷售貨品、管理事務、處理財務、推動事情的進行等等，簡而言之，他負責執行重要事務。不過，採購則由兩兄弟一起負責。

消極的兄弟是一個善良、隨和、順從的人；一個埋頭苦幹、有如機械般呆板的人。他有些固執己見，相當執迷不悟，但又非常聽信他人，容易相信他人說的話，只要這些話不牴觸他原本先入為主的觀念。想說服他接受全新的想法，必須用巧妙迂迴的方法暗示。當他的兄弟在場時，他習慣聽從兄弟的意見；不在場時，則聽從他人的意見。他容易答應幫你任何忙，你要求的事他也幾乎都會給你，只要你堅定、自信地要求。他怕拒絕你會傷害你的感情，因此會承諾你任何事情，好擺脫你並避免正面拒絕你。你可以推銷幾乎任何東西給他，只要他的兄弟沒在旁邊監督他，而你的作法也適當。你只需要表現出大膽、自信的樣子，並把一切視為理所當然就行了。就是你知道的那種樣子。

然而，積極的兄弟是一個截然不同的人。他是一個多疑、警戒、清醒、頑固的人。他做事不會沒頭沒腦。他認為得要盯緊他的消極兄弟，免得損及公司利益。消極的兄弟總是被某人或某事「卡住」，需要有人守護著他。如果積極的兄弟正好在午睡，或忙到沒時間管消極的兄弟，那後者一定出事。因此，積極的兄弟不想讓你見到消極的兄弟，除非他很了解你，或認為你對那個好講話的傢伙沒有任何意圖。他會仔細監督你，打聽你的事情，試著找出你在盤算著什麼計謀，然後才會允許你見另一位合夥人。如果他認為你對那個好講話的傢伙有任何意圖，他會告訴你好講話的兄弟不在等等。如果他允許你見他的兄弟，他會監視你的一舉一動，聆聽你的每字每句，要是他認為你試圖對那個順從的傢伙耍什麼把戲，他會出面制止，取消交易。他會仔細考慮每項提議，合理的就接受，不合理的則拒絕。當他開始習慣你的存在，他的疑心就不那麼重了，甚至可能對你變得頗具信心。當他卸下戒心，不再那麼多疑時，可能還會被你逗樂。一旦他解除疑心，你就可能跟另一個兄弟搭上話，這可是一大進展，因為順從的兄弟認識你之後，會設法讓下次會面變得更容易些。在他兄弟的箝制下，他覺得既孤單又惱怒，因此一旦認識你，他會設法再找機會跟你聊聊。第一步是最困難的。

請記住，每個人的心智就像一家合夥經營的企業，由兩個人物各自代表的功能所組成，而我剛已努力向你介紹這兩個人物了。不過，現實世界中的公司有一個不一樣的地方，就是無論到哪家公司，消極的合夥人差不多就是那個樣子，只是有些公司的消極合夥人地位較高一點，其他的還是被擋在幕後深處。差別就在積極合夥人的正向程度。這些積極合夥人有著極大差異。有些完全就是審慎、警覺、睿智的模範，其他人則較無這些特質，有些幾乎跟他們消極的兄弟一樣「好說話」。有些能用「恫嚇」的方式被說服，有些需要勸誘，有些吃阿諛奉承那一套，有些則可試著使其卸下戒心。有些人太著迷於某些事物，沒有注意到來訪的人已經跟消極的兄弟熟絡起來了，甚至還可能允許他下單買貨。每個人都有他的癖好和弱點。只要有弱點就可以被打倒，因此要找出對方最弱的點並直接予以攻擊。

你將明白你的主要任務是迴避積極夥伴的戒心。這麼做的方法有很多種——你要找到最好的方法。一種方法不行就試另一種，繼續試，最後一定成功。「懦夫難得美人心」。只要方法對，就可以做得到。有些人很好解決，其他人則難以對付，但只要你堅持不懈，就能應付所有警覺性高的夥伴。

絕對不要接受對方的拒絕。做生意要像追你愛的女孩一樣。追女孩時，被拒絕一次兩次或十幾次算不了什麼。在事業上運用同樣的計策，你總有一天會獲勝。財富有如女性，因此具備女性所有的特質。

重覆暗示能使其力量增強。人可能會拒絕他人第一次的提議，但一再聽到同樣的提議，他就會開始相信。這是一定的，光是重覆提議，你自己也都相信了，他怎麼會不相信呢？再者，暗示在當下可能不會產生明顯效果，但它就像種在肥沃土壤裡的種子一樣，會在你再次來訪時萌芽。只要好好地跟積極的夥伴談談，讓他產生興趣，你就能引起消極兄弟的好奇心（他多的是好奇心），讓他靠過來偷聽你們的對話。他通常會在你離開後想著偷聽來的話，並在你下次來時，儘管他的兄弟如此嚴厲，也要設法跟你見上一面。「愛能戰勝一切困難」，這個消極的傢伙有時也能克服兄弟的苛刻。你要在腦中想著上述這兩個心智功能的樣子——積極的夥伴和他消極的兄弟。心裡有了這個畫面之後，你就能發揮暗示的最佳優點，同時防衛自己不受他人暗示影響。

在影響你實際接觸的人時，不必只靠暗示的力量來克服對方心智中積極夥伴的警覺。你還有兩個強大盟友的協助，那就是你的心智有意識地傳送的直接思想波，以及無意識的思想締合特質。透過這個課程提供的練習，你就能開發出這些力量。你也將學會必要的特質，讓積極的兄弟對你留下好印象，而他容易對外表留下印象。

不過，你必須學會一件事，那就是自信和相信自己能夠精通這個主題。這就好比男孩學游泳。游泳是每個男孩與生俱來的能力。只要他相信自己會游，他就會游；但若他認為自己「不會」，他就不會。他可以透過練習來精進游泳技能，但打從一開始他本身就具備游泳的能力，只需要有這個信念就行了。你本身就具備影響他人的能力，但除非你相信而且有自信，否則你會覺得難以執行。你可以做到，但你需要出擊。你可以先從簡單的開始練習，但你必須一開始就有自信。有些人是意外發掘這點，而他們對自己成功的原因不明就裡。現在你知道原因了，你跟那些誤打誤撞找到這個真相的人一樣可以做到，甚至做得更好。

第三十章　調整你的行為舉止

在上一章，我將每個人心智的兩種功能比喻成兩個兄弟——兩個事業夥伴。為了方便說明，我在這堂課會延用這個例子，畢竟這樣的比喻也適用於現實狀況。

積極的夥伴是「特別的」老傢伙，需要你努力去迎合，小心地應付。他在某種程度上可透過對話、外表、舉止、聲音和眼神等被影響。每個積極的夥伴有各自的品味和癖好，不過他們都有一些共同之處。

關於對話，如果可以，應該查清楚這個老傢伙的興趣。如果從他感興趣的事物去取悅他，他很容易就會忘了自己的職責是監督順從的兄弟。你應該學著跟他聊他有興趣的事物，但別太多話——「給這個老傢伙一個機會」。講到他開始聊起喜愛的話題時，你就該閉嘴了。你要培養傾聽的技能，因為這是世界上最寶貴的才藝之一。許多人只因善於傾聽就爬到很高的職位。你也許還記得湯瑪仕・卡萊爾（Thomas Carlyle）的故事。＊有天，某人前來拜訪他，這個人擅長傾聽又好學，設法讓卡萊爾講起他喜愛的話題。卡萊爾講了三個多小時，沒讓這位訪客有「半點置喙的餘地」。當訪客終於起身離去，卡萊爾還陪他走到門口，心情意外地好，並向訪客道別說：「下次再來啊，今天聊得真是愉快。」抓到重點了嗎？專心聆聽這位積極的老夥伴，假裝他說的都是金玉良言——但別被他影響了。認真聽他講些什麼，但別讓他的思想對你產生任何實質的印象，否則他就要推銷東西給你消極的兄弟了。讓自己保持積極而非消極，因為等這個老傢伙「被自己的長篇大論給灌了迷藥」、鬆懈警覺時，你還有話想跟他順從的兄弟講。務必培養理性傾聽的技能。

至於外表，我建議你避免浮誇和過氣這兩種極端的打扮。在兩者之間取中間值。尤其要避開利用極端風格來吸引特定注意力的衣服。衣著應該簡單俐落且整齊乾淨。不要穿戴破爛的帽子或鞋子，因為這些配件特別引人注意。戴高級帽子、穿乾淨鞋子的人，即使衣服舊了（但要乾淨）也許還可以過關，但帽子破爛、鞋子骯髒寒酸的人，即使穿上好的衣服也顯得平庸。一定要穿乾淨的內衣褲。這些東西很重要。避免噴味道重的香水。大部分的男人都厭惡味道重的香水。我應該不用補充保持個人清潔，是讓大部分積極夥伴願意聽你說話的先決要件，即使他們本身未必特別重視個人衛生。

你的舉止應該令人愉悅歡快，但又不至輕浮。一定程度的含蓄很不錯的。你當然要能好好控制自己的脾氣。憤怒是軟弱而非力量的象徵，憤怒的人永遠處於劣勢。你在行為上和精神上都必須毫無畏懼，後者是難能可貴的特質。如果你性急易怒，或容易顯露對不幸的恐懼或擔憂等等，就要特別專心上第三十七章「性格養成」並改正這些缺點。

你的舉止應該傳達自我尊重的想法，同時也要展現對他人感受與喜惡的細膩考量。如果你欠缺為他人著想的特質，應該想盡辦法培養，因為這對結交朋友、取得積極夥伴青睞來說是至關重要的，畢竟積極的夥伴外表再怎麼堅強，也終究是人。如果你能在心裡想著「己所欲施於人」，並讓思想表現在行為上，就能學會這項寶貴的特質。培養坦率、開放的舉止。大部分的人都喜歡這樣。說話時要認真。這不只能抓住說話對象的注意力，也是讓建議被人接受的寶貴幫手，更是為思想波挹注力量的重要因素。培養堅定、真誠、有男子氣概的握手方式。沒人想握軟弱無力的手。你自己也不想。別忘了這點。如果你不知道怎麼握手才對，

---

* 湯瑪仕・卡萊爾是十八至十九世紀重要的蘇格蘭作家、哲學家、史學家和數學家，其在一八三七年出版的《法國大革命史》（*The French Revolution: A History*）是著名作家狄更斯的《雙城記》（*The Tale of Two Cities*）靈感來源。

趕快開始練習。跟人握手時要把對方當成是你女友的富爸爸。然後眼睛要直視對方。我在下一堂課會深入講解眼神的力量，但我想先讓你知道它跟發自內心的握手是有關聯的，必須雙管齊下。

培養令人愉快的講話語調，避免含糊不清或大聲嚷嚷的講話方式。假如對方不是用吼的講話，最好的作法是將你的聲音保持跟交談者的語調一致。如果對方是用吼的，你的聲音要保持平穩順從，他很快就會把語調降到跟你一樣。順道一提，這是對付激動、想要好好訓斥你一番的人的好方法。在這種情況下，你的脾氣要穩住，聲音要平穩順從，你會發現對方的聲音會逐漸降到跟你的語調一致。在他降低音量，怒氣消退時，他會覺得羞愧，你就贏了。試試看。聲音有許多潛力。柔和、調節得當的聲音最令人感到愉悅，也會為這麼講話的人贏得許多勝利。讓聲音表達你想傳遞的感受。這是最有效的暗示形式之一。富有表達力的聲音是暗示成功的主要工具之一。

欠缺上述某些成功要件的學生不必氣餒。要知道這些天賦都是唾手可得的，只要不嫌麻煩、努力學習即可。我會在「性格養成」那堂課完整說明。

另一個影響他人和積極的老夥伴相當重要媒介是眼神。人類的眼神！誰不知道眼神的力量？但卻很少人知道如何學會運用眼神的祕訣！你可以寫一堆關於如何把眼神的力量當成攻守武器，如何藉由眼神影響人類和較低等動物的書籍，卻還是無法透徹這個主題。

我會在下一堂課說明如何將眼神變成施展影響力的媒介、如何學會「吸引力眼神」，以及如何避免他人眼神的影響。

第三十一章　眼神的力量

眼神是影響他人最有效的手段之一。眼神能夠抓住說話對象的注意力，讓他更容易記住你的建議，而且它本身就是一種力量，只要運用得當，就能將你的意志力加諸他人身上。眼神能吸引、迷惑積極的夥伴，讓你有機會跟他隨和的兄弟講話。

精通心智控制法則者的眼神是一種武器。它能近距離對他人的心智直接傳遞強烈的腦波。你也聽過人類眼神能對野獸和野人產生力量，不少人也遇過似乎能看穿你、眼神定定讓你幾乎難以忍受的人。我會在下一堂課提供幾個練習，幫助你學會所謂的「吸引力眼神」，這是學習個人影響力的人所能學到最重要的能力。在這堂課，我先假設你已學會「吸引力眼神」。

與他人面談時，適當使用眼神將能讓你對他人施展類似著迷或催眠般的吸引力。這是受過訓練的眼睛透過「吸引力眼神」近距離傳遞強烈腦波所造成的結果。

這也要看個別案例的各種情況，我很難教你一套適用所有情況的通則。你必須調整這些通則，以因應每個特殊案例的緊急情況。

開始與他人面談時，最重要的事情之一，是用堅定、平穩的「吸引力眼神」直視對方。你不必直盯著他，但你的凝視必須平穩而堅定，並隱含強烈的意志力和專注力。在對話過程中，你可以改變凝視方向，但你在提出提議、陳述、要求，或任何想讓他留下深刻印象的事情時，一定要用堅定、平穩的「吸引力眼神」直視他。這點非常重要，千萬不能忽視。你在談生意時，用認真、堅決的眼神或舉止來抓住對方的注意力。如果你要提出要求，要用清楚、莊重、認真的方式提出，眼神盯著對方不放，同時用意志力讓他照著你說的做。這時千萬別讓他看向別的地方。無論如何都要抓住他的注意力。當你抓住積極兄弟的全副注意力，他會無暇理會好說話的兄弟，而後者就會靠近你，聽聽你想說些什麼。如果對方迴避你的凝視，你有時還是可以抓回他的注意力，方法是移開你的目光（全程用眼睛餘光看他）。當他發現你看向其他地方，他會偷瞄你一眼。你必須注意他偷瞄的這個動作，一旦發現他的眼神轉向你的臉，就要馬上將你的眼神轉向他，用快速、銳利、堅決的目光鎖住他，並用意志力抓住他的目光。這是你說服他的好時機。你讓他處於劣勢，這時提出強烈的建議最有效果。

如果無法用上述方式讓他看你，拿個東西給他看是不錯的辦法，像是樣品、照片，或跟你的事業相關的東西。你會發現他看了這個東西之後，會抬起目光看你的眼睛。這招屢試不爽，你也必須準備好用堅定、有吸引力的凝視，以及強烈的建議回應之。如果能夠留住他人的注意力，並在面談時設法直視他，一定或多或少對他造成影響；除非他專精此道，這時就很難用直接方式影響他了。不過很少人懂得這門學問，因此在做一般盤算時不需考量這項因素。你可能會發現對方開始感覺到你對他產生某種影響，他可能出於自衛而想結束面談。千萬不能允許這種事發生，你已獲得影響力了，一定要貫徹始終。在你達成此行目的前不能放他離開。

說到這裡，我想建議你一件事，雖說在吸引力眼神的影響下，任誰都難以清楚地推理和思考，不過你要保護自己，免得被其他知道這個祕訣的人對你施展這種能力。發現某人正試圖影響你時，你必須保有積極心態，堅定地相信你很強大，能夠超脫這種影響。這種心態會保護你，當然你得推翻他人給你的指示，並反過來影響他人。如果有人試圖讓你對某個提議產生興趣，別讓他在對話時一直抓住你的目光。你可以泰若自然地不時看向別處，彷彿是在沉思而非閃避他的眼神。這讓你有時間稍作思考，穩住自己的立場。在他提出提議時，用一副若有所思的樣子移開目光，好像在仔細思考他講的每一句話。如果他設法突然插入一個暗示或提議，同時抓住你的目光，在你暫時移開視線並穩住陣腳前不要回答他。接著，如果你要拒絕他，要用正面的眼神直視他的眼睛，堅定、刻意，但有禮貌地說「不」。有疑慮時，說「不」就對了。慎防在絕佳時刻提出的狡詐建議，因為這時最是危險重重。讓你的積極夥伴克盡職責，別讓對方跟你的消極夥伴說上半句話。他倆會想聊個幾句，但你一定要堅守立場。

負責講話的人——如果他了解自己的事業的話——永遠是對話中積極的一方，聆聽者則多少較為消極。他聽得越是專心認真，立場就越消極。積極的一方永遠強過消極的一方。處於消極狀態時，必須隨時保持戒備，免得被強迫接受積極的建議。

你要學習用認真、堅定、正向的舉止提出建議，聲音要顯出期待建議被採納，內心要堅信情況確實會如此。如果你沒有這項值得具備的特質，去向優秀的暗示師學個幾堂課，並好好練習。如此學到的經驗最是有用。藉由書本學會暗示的舉止和語調幾乎是不可能的事，我也都是在實體課堂上透過實際操作，並在我的督導下傳授這項技能。如果你能在心裡描繪自信和認真這兩個字的意涵的圖像，那麼我叫你要用「適當方式」提出建議時，你就懂得我想傳達的意思了。第三十八章「集中心思的藝術」也會教你這方面的技能。

下一堂課要講「吸引力眼神」。

第三十二章 吸引力眼神

所謂的吸引力眼神，是指透過眼睛展現的強烈心智要求，這種眼睛的神經和肌肉受過相關訓練，因此能保持堅定、平穩、正向的眼神。後面的課會解釋如何努力產生心智要求，這裡只講眼神。下面的練習非常重要，我相信學生都會仔細照做。只要加以練習，就能在短時間內學會能被他人感受到的眼神。持續練習，就能練出沒幾個人承受得了的眼神。學習這個最有趣了，透過你所接觸的人的反應，你會愉快地看見自己眼神的力量變強了。你很快會發現別人在你的注視下顯得坐立不安，如果你將目光集中在他們身上幾秒，有些人還會表現出類似恐懼的跡象。熟練這項技能後，再多的錢你也不願拿它交換。別只是做下面的練習，要用你接觸的人來做實驗並注意成效如何。只要拿「活體」做實驗，就能學會活用眼神的力量。

練習

練習一：拿一張A5大小的白紙，在上面畫一個拾圓硬幣大小的圓圈，圓圈可用黑色墨水塗滿，讓它在白色背景下突出顯眼。將紙張釘在牆上，高度約是你坐著時與眼睛平視之處。將椅子擺在房間中央，並坐在紙張正前方。

平穩地注視圓點，堅定地凝視一分鐘，不要眨眼。眼睛休息過後，再練習一次。重覆練習五次。

不要移動椅子，將紙張往右移約九十公分。坐下，眼睛注視前方牆壁，接著，在不轉頭的情況下，眼神看向右邊，平穩地凝視圓點一分鐘。重覆練習四次。

接著，將牆上的紙張往左移約九十公分，平穩地凝視圓點一分鐘。重覆練習五次。持續練習三天，然後將凝視的時間拉長到兩分鐘。再三天後拉長到三分鐘，以此類推，每三天拉長一分鐘。有些人能目不轉睛、不泛淚光地平穩凝視二十到三十分鐘之久，但我建議不要超過十五分鐘。能目不轉睛十五分鐘的人，其眼神的力量跟創下三十分鐘紀錄的人一樣強大。

這是最重要的一項練習，只要如實照做，你就能平穩、認真地凝視任何說話對象。這會賦予眼神一種強大、威嚴的感覺，讓你能維持沒有幾個人承受得了的平穩凝視。狗和其他動物在你的凝視下會畏縮，其效果也能以各種方式呈現。做這些練習多少有點枯燥乏味，但只要肯花時間、不怕麻煩，將有豐富的收獲。如果你在練習催眠術，會發現這種眼神非常有用。它還有加大眼瞼之間的距離，讓眼睛看起來更圓大的效果。

練習二：你可以用下列方式來補充上個練習，這能讓練習多點變化，不會那麼單調，也能讓你習慣凝視他人雙眼而不會覺得害羞。

站在鏡子前，用練習一提到的方式凝視鏡中自己的雙眼。像上個練習一樣拉長凝視的時間。這項練習能讓你習慣他人的凝視，也能培養出最棒的眼神表達力，對你將很有幫助。它能讓你在逐漸學會吸引力眼神時，看到自己的眼睛發展出特有的表達力。務必有系統地做這項練習。有些作者喜歡這項練習更勝前者，但我認為結合兩種練習才能得到最好的成果。

練習三：面向牆壁，在距離牆壁約九十公分處挺身站直。將紙張放在面前，圓點直接對向雙眼。眼睛盯著圓點，接著轉頭一圈，眼睛仍盯著圓點。這項練習會讓眼球轉動以保持平穩凝視，進而大量運動到眼部神經和肌肉。往不同方向轉頭一圈，讓這項練習有點變化。一開始要慢慢練習，免得眼睛疲勞。

練習四：靠牆站立，面向對面牆壁，眼神快速地從對面牆上的一個點移向另一個點——上、下、左、右、之字形、圖形等。

眼睛累了就暫停練習。結束練習最好的方法是專心注視一個點，讓剛才運動過的眼球休息一下。這項練習是設計來強化眼部肌肉和神經。

練習五：學會堅定的眼神後，你可以說服一位朋友讓你拿他練習注視，藉此增加你的自信。讓朋友坐在你對面的椅子上，然後坐下，用冷靜、平穩、堅定的眼神凝視他的眼睛，請他盡可能一直看著你。你會發現自己輕易就能讓他吃不消了，等他大喊「夠了」時，他會幾乎呈現催眠狀態。如果你有催眠的對象，他在回答你的問題時會答得更好。你也可以對狗、貓等動物試試眼神的力量，如果你可以引誘牠站好或躺好的話。不過，你會發現大多動物會走開或轉頭，以避開你的直視。

當然，你也能分辨出平穩、冷靜的凝視跟放肆的瞪眼之間的差異。前者顯示此人具有強大的心靈力量，後者則代表此人無禮。

一開始你會發現自己強烈、平穩的眼神，可能會讓你接觸的人感到困窘，讓你注視的人感到難堪，使得他們倉皇不安。你很快就會習慣這個新的力量，並會謹慎地使用，在不讓他人難堪之餘，還能對他們產生作用。

我要警告你別跟他人提起或討論你在做眼神或個人吸引力練習，這只會讓人對你起疑，嚴重損及你妥善使用影響他人的力量。保守祕密，透過成果而不是吹噓的方式來展現你的力量。除了上述原因之外，對你學會新技能的事三緘其口，還有一些難以解釋的神秘原因。要是無視這個忠告，以後你可是會後悔莫及的。

慢慢練習，不要過分倉促。跟隨自然法則，一步一步、穩紮穩打地開發你的力量。

第三十三章　自念力

我在前面幾堂課說過，面談時可透過暗示力量等手段吸引他人。此外，還有另外兩種力量可讓他人對自己留下印象。第一種助力稱為思想的締合特質，我在後面幾堂課會講。第二種是某人的心智對他人心智產生的自念影響力。這兩種心智力量的表現有一個明顯的差異。在第一種情況中，一旦啟動思想的締合特質，你的心智毋須有意識的努力，就能對他人產生影響，只要想著特定事情，就能啟動影響他人的偉大力量。自念力則是有意識地運用意志，針對某個特定事物傳送和推動腦波。推動力消失後，腦波就停止傳送。

我找不到一個適用這種思想力的通用詞，但也不想一直稱它為「意志所做的有意識努力，它能產生思想振動波，並將振動波推向特定事物」。出於必要，我自創自念力這個詞來代表前述定義。這個詞源自拉丁文Volos，意思是意志。別把這個詞跟自決力給混淆了，後者意指自由運用意志進行決定的能力。我也會用自念這個形容詞（來自相同詞源）來表示跟意志相關的意思。*

自念力是自然界最強大、也最不為人所理解的力量之一。所有人在無意間多少都會用到這個力量。有些人知道它的作用，但不了解其產生和發展的法則。若能投入所需時間和努力來練習和訓練，或許能大幅提升這種力量。在「集中心思的藝術」這堂課，我會提供一些練習，讓你妥善開發這種力量。

想要善加運用自念力，就得了解意志的真正本質；想要了解意志的真正本質，就必須明白什麼是真正的人。

許多人習慣性地把自我——「我」——想成只是肉體而已。這是唯物主義的觀點。有些人將「我」視為掌控身體、棲息在大腦中的心智生物。這有一部分是正確的，但只說對一半。還有些人明白尚有一個「更高的自我」，但沒幾個人認識這個「更高的自我」並依照它的指示生活。真正的自我或「我」境界高於心智，心智的境界高於身體，而身體和心智都附屬在真正的自我之下，是其在必要時所使用的工具。我們在幻想和反思、想著或說出「我是」這兩個字時，會感受到真正的自我。我們每個人在生命中的特定時刻，都曾感受過這種真正的自我意識，但都沒能完全體悟它的重要性。暫時放下這本書，讓肌肉和身體放鬆，進入消極的心境，靜靜思考「我是」這兩個字，然後努力想像一個高於心智和身體的真正自我。如果你的身心處在適當的狀態，會從內在感受到一絲真正的自我的存在。繼續練習。這能喚醒在你腦中對真相的感知。什麼都傷害也摧毀不了真正的自我。身體和心智或許會死去，但「我是」是永恆、無法被傷害的。它的威力強大，當心智學會適應它的影響時，人會變成另一種存在，並獲得迄今未知的力量。

考量到本書的目的，我無法在這個主題上多加著墨，其重要程度需要寫好幾部書，才能觸及它的些許精髓。在這個階段，我希望竭盡所有熱忱，讓學生注意到這個至關重要的真相。隨你怎麼想這個課程的指示，要接受或否定都隨你的意，但要在心中牢牢記住這個想法：「我是」才是真正的自我。當你的心智認得它的主人時，你就學到了生命的祕密。我已將這個思想種子種在你的腦中，它會長成一株美麗的植物，它開的花香味遠勝世界上最美的花。當它的葉子展開，露出無比美麗的花朵時，你會知道你已找到自我。

＊　自念力原文為 volation，在英文中是一個極為罕見的字詞，僅有的釋意也與心靈和意志無關，自決力原文則為 volition，亦有意志力的意思，考量到作者表示 volation 是自創詞，又與 volition 讀音近似，因此譯為自念力，來突顯出其自創詞的特性，又能產生與自決力讀音近似的效果。

「吾是萬千世界之王，
吾之統治始於時間之初，
晝夜循環，
在吾之審視下更迭交替。
然時間應於吾找到解放前停止，
因吾是人類的靈魂。」

——查爾斯．H．歐爾（Charles H. Orr.）

我們說的「意志」這兩個字，指的是個人的「我是」的體現，兩者之間的關係類似思想與心智之間的關係。我們說「開發意志」，指的其實是開發心智，使其承認並被意志控制。意志本身就很強大，不需要再「開發」。這與大家普遍接受的說法相左，不過這是正確的。強烈的意志流會沿著心靈導線流動，但你得學會用集電杆架起導線，才能開動心智列車。

人有兩種不同思考路線。其中一種稱為消極心理狀態的思考只是出於本能做的努力——它是「思想本身」，幾乎不需要自念力就能產生。另一種稱為積極心理狀態的心智努力，或多或少是因心智對意志力的需求而產生。我最多只能讓你注意到這個事實，因為關於這件事的詳細論述不在本書範圍內。我在其他作品中對這件事有更深入的探討，我會介紹那些書給你。本書目的是教你「作法」而非「原理」，因此我無意將你帶離這個範圍。

越常用積極心理狀態思考的人，其思想越強而有力。反之亦然。了解心智控制法則的人，比起「便宜行事」做消極心智努力的人具有更大優勢。

各種思想都是由心智所投射出來的，其振動波由個體發出，根據推動力道大小，對他人產生或多或少的影響。消極思想不如積極思想那般強大，但若持續重覆消極思想，也會產生很大的作用。你很快就會明白，為了透過思想振動波對他人心智產生直接效果，就必須要努力施展自念力；越是努力，效果越強。

下一堂課的主題是自念力的施展。

第三十四章　直接自念力

以程度來說，自念力的施展因人而有極大差異。概括而言，一個人對他人施展的影響力多寡，與其自念力的程度呈正比。領袖在這方面的力量程度相對較高，但他可能是無意間發展出這種力量，也不了解這股代他發揮作用的偉大力量的運作原理。許多領袖坦言自己無法解釋為何能夠影響他人。他們知道自己有某種力量，但不明白這股力量的本質或法則。拿破崙就是具備高度發展的自念力的典型範例。他將意志加諸在數百萬人身上，使他們對自己的命令言聽計從，進而成就無數奇蹟般的豐功偉業。從他的言辭來看，他有可能隱約知道自己具有這種操之在手的力量，並有一段時間依據這股力量行事。後來他企圖濫用這股力量，忘記自己力量的來源，忽視它的法則，以致墮落。你會注意到所有成功人士對於「我」都有一種本能的強烈感受。他們相信自己，時常覺得有一種特殊的天命在看顧他們的事業。他們跟拿破崙一樣，覺得自己有一顆「命運之星」。這是對「我是」的一種出於本能的認識。他們對真相只有粗淺理解，卻能充分加以利用。他們對權力、名望或財富的渴望，使他們本能地善加利用自我的強大助力。許多人認識「我是」的力量，當中某些人了解它的法則，卻不堅持爭取物質報酬。他們體內具備這股力量，卻沒有渴望。他們滿足於較少的物質報酬，不願為了所謂的成功或為了支配他人而「付出代價」。許多精通這股奧妙力量的人對財富、權位和名望不屑一顧，對其毫不渴求，情願利用操之在手的這股力量追求他們認為更崇高的目標。他們像先知一般認為「萬般皆是空」，也像神話中的淘氣小妖一樣，認為他人都是「一群愚蠢的凡夫俗子」。補償法則似乎會讓一切事物化為均等，財富、權力和職位未必都能帶來快樂。俗話說的「為王者，無寧日」和「沒有玫瑰不帶刺」，從字面上來說確實如此。

不過，我無意宣揚人生道理，也不想大談道德之事。每個人都得自己選擇，誰都不能幫別人做決定。我要說的是無論你做什麼，都要把它做對。做事的唯一方法就是去做。你必須動手去做，不要回頭。選好目標，然後朝著目標筆直邁進，掃除一路上的所有障礙。想要達成目標，你必須有強烈的渴望，也要認識真正的自己——也就是「我是」——才能施展所謂的「意志力」，進而推動你的計畫。

在上一堂課，我對自念力的定義是「意志所做的有意識努力，其能產生思想振動波，並將振動波推向特定事物」。這股振動力可用普通方式施展——在與人面談的場合近距離施展；也可透過遠距離振動波來施展（有時稱為心電感應）。第一種形式頗為常見，我們都看過這種示範；第二種形式則很罕見，而且最了解這種形式的人不太會談論它。這群人默默地練習著，不過他們的人數遠比我們想像的多。我們在所謂的心電感應、思想轉移或讀心術等看過稍微類似的範例，但做示範的通常是沒有完整了解這個主題的人。我認識幾個將這個力量發展到絕妙境界的人，但除了少數幾個心靈契合、正好熟悉這個主題的朋友之外，他們不會向人展示自己的力量。這些人知道自己使用的這股力量的真正本質，不會隨便拿來做表演，進而降低它的威力。他們對於了解這股力量感到滿足，無意說服他人相信。他們不想尋找信服的人，反而還會勸阻企圖想把這個奧妙知識公諸於世的人。他們認為時機尚未成熟，在這種時候對對外宣布只會導致這股力量被濫用。

學會自念力的首要條件是認識真正的自我——也就是「我是」——的力量。認識得越完整，力量就越強。我沒辦法提供明確指示，教你如何學會認識的技能。你必須感受它而非推論它。你不會懷疑自己是否走在對的路上——你會馬上認出它來。我最多可以向你描述的是，你會覺得自己的身體好像衣服，它暫時包覆了你，但它不是你；你跟身體是分開的，你是在它之上的，只是目前跟它連在一起而已。你會發現就連你的心智也不是你，只是你體現自我的工具罷了，而且由於它並不完美，因此阻止你完整展現真正的自我。簡而言之，當你說出或想著「我是」，你就領悟到真正自我的存在，也會感受到一種對力量的新意識在體內成長。對自我的認識也許模糊，不過只要加以鼓勵，它就會成長。它在成長過程中，為了向你的心智證明它的存在，會把進一步發展這層認識的適當計畫，烙印在你的心智裡。這是「凡有的，還要加給他；沒有的，連他所有的也要奪過來」的範例。*光是提醒注意這項事實，就能喚起某些人對它的認識，其他人則需要經過深思，才會慢慢認識這項事實。有些人則感受不到這項事實。我要對這些人說的是：你認識這項偉大事實的時機未到，但種子已種下，這株植物終將長出。你現在可能覺得這是一派胡言，但總有一天你會承認它所言不假。對於初步感受到真正的自我覺醒跡象的人，我要說的是：記住這個念頭，它會自然地、慢慢地綻放，就像蓮花一樣；一旦認識這項事實，你就不會忘記，認識的程度也不會僅止與此。對於認識這項事實的人，我還有更多話想說，但不是在這裡。

練習專注力有助於發展真正自我的概念，我在後面的課會講到。安靜、專注地想著「我是」，這個念頭將會越發茁壯。

若想在個人面談時施展自念力來影響他人，只需要向對方發出強烈的心智要求即可，同時要意識到你有這麼做的權利，並相信你的命令會被遵從。你必須完全預期自己的命令會被遵從。在所有心智過程中，誠摯地預期是產生效果的一項主要因素。如果只是微弱地、半信半疑地預期，成果將會大打折扣。完成這個課程後，你就會了解箇中原因，因為後面的課會做解釋。

我並不是說現在你就可以去找任何一個人，在只行使意志力和預期成果的情況下，就讓對方照你的意思去做。如果對方在心智上沒有抵抗能力，沒有自念力來反擊，你是可以這麼做。很不幸地，有些人有些許自念力，卻只能淪為了解個人影響力祕訣的人的傀儡。有些人有更多一點這種力量，以此類推，直至達到最高境界。

我要說的是透過這項計畫，你對所接觸到的人都會達成某種程度的成功，至於到哪個程度，完全要看與你相較之下，對方的自念力到哪個境界。試過幾次之後，你會更了解。不要猶豫，馬上開始練習這種形式的心智影響。透過練習，你將會進步，也會因此更體會這個理論。記得那個不會游泳的男孩嗎？他相信自己有這個能力，也去嚐試之後，就會游泳了。當然，你應該搭配使用自念力和前面幾堂課講的暗示力量。做過後面課堂「集中心思的藝術」的練習之後，你將能夠集中你的命令力量。在其他課裡，我會解釋為何不能將這種奧妙的力

---

*《聖經》馬太福音13：12。

量用於任何邪惡的用途或用來傷害他人，不過目前只須告誡學生不要濫用這股力量即可。這樣不只傷風敗德，也不利於做出這種事情的人，要是執迷不悟，最後將自毀前途。這種人或許會有暫時的成功，但最後將有悲慘的下場。箇中有充分而奧妙的理由，因此我希望任何閱讀本書的人能聽從我的警告。只要永遠都不傷害被影響的人，用這份知識和資訊增進自己合理生意的利益和福祉是無妨的。你可以影響別人跟你做生意，只要你公平地對待他，就沒有濫用你的力量。相反地，如果你影響對方是為了欺騙他或對他造成其他傷害，那可是大錯特錯的，你犯下多大的錯，未來就會受多少的苦。我說的不是來世報，而是現世報。正所謂「種什麼因就得什麼果」。你不太可能濫用自念力，因為一旦完全學會這種力量，自然不會想要利用這股剛發掘的力量來做錯事。不過世界上確實有些人跟撒旦一樣，會用自己偉大的力量做邪惡的事；但是就跟撒旦一樣，這樣的人注定是要極其悲慘而不快樂的。他們就像墮落的神。

開發自念力最好的作法當然是專注力練習，不過，對於學生來說，能用幾個簡單的測驗來「小試身手」，藉此增加自信心，也是很有趣的。因此我多加了幾個練習。之後還會有更多其他練習。一開始只是簡單的測驗，然後再慢慢練習難的。熟能生巧。

容我在此提醒你，你在施展意志力時，別以為必須皺眉、握拳之類的。要用冷靜、泰若自然的態度得到這股力量。透過冷靜、認真的要求，以及相信自己的預期會實現的念頭來施展意志力。你很快就會抓到要領。不要灰心，繼續練習，直到能夠輕鬆上手。

下一堂課要講的主題是「遠距離」自念力，或者更貼切地說是心電自念力。

練習

練習一：走在路上時，將注意力鎖定走在前方的人身上。距離至少一到三公尺就夠了，遠一點也可以。用堅定、平穩、認真的眼神凝視你的目標，目光鎖在脖子後方的腦勺根部。堅定凝視這個點時，用意志力讓目標轉頭看向你的方向。你需要多點練習才會上手，不過一旦你掌握要領，會很驚訝竟然可以影響這麼多人照做。女性似乎比男性更容易受到這種心智影響。

練習二：在教堂、電影院或演唱會等地方時，將眼神鎖定坐在前方的人身上，目光聚焦在跟上一個練習中一樣的地方，用意志力讓那人轉頭。你會注意到目標在他的座位上顯得坐立不安，看起來多少有些不自在，最後會稍微轉身快速往你的方向看一眼。這項實驗用在自己認識的人，比用在陌生人身上更有效果。你越認識對方，越快見效。

學生可以發揮巧思，用上述兩項練習變化出各種情境。無論哪種情境，原則都是一樣的：專注的眼神，加上強烈、認真、預期地用意志力達到或要求成果，是產生這種現象的首要因素。當然，你會發現可以透過「集中心思的藝術」提供的練習來開發意志力。如果你發現自己很難產生上述效果，就知道自己的專注力尚未充分開發，必須讓這方面的能力臻至完美。

練習三：在公車上，選一個坐在你左前或右前方幾個座位之外的人。你可以往前看，一副沒在看對方的樣子，但要能察覺他的存在，並用眼角看他。對他發出強烈的心智要求，用意志力讓他轉頭，同時預期他會看向你的方向。如果操作得當，你會發現不一會兒，對方會突然往你的方向一瞥。有時這一瞥看似無意之舉，好像只是看你一下而已。其他時候，這一瞥是突然而犀利地掃向你，彷彿發現你用心智呼喚著他。順從這種呼喚的人，在他轉向你的方向，與你充滿吸引力的眼神四目相交時，常會露出尷尬、有時帶點羞怯的樣子。

練習四：與人交談，而對方似乎在猶豫該用哪個字時，眼神犀利地掃向他，用心智強烈建議他某個字。在許多情況下，他會馬上重覆你建議的字。你必須建議適當的字，否則他的消極心智會猶豫要不要用這個字，積極心智則會介入並插進另一個字。有些學生曾對演講者或傳道者試過這個實驗，並從經驗中獲得許多有趣的實例。我記得讀過一篇譯自德文的作品，文中提及一位具備高度專注力和自念力的年輕人的案例。他是一所頂尖大學的學生，對運動的興趣大於讀書，眼看學業就要落後了。他無意間發現自己的力量，於是想出一個計畫，就是記住每一課的幾題答案。教授小考時，他就傳送強烈振動波，用意志力讓教授選特定問題，而這些問題的答案他早就背下來了，他因而在班上名列前茅。不過，這位德國作者繼續寫道，這位年輕人的計畫沒能在考試時派上用場，因為最後考題是由職員準備，而且是用筆試的方式考的。考試當天，這位學生沒有機會使用的他「意志力把戲」。

練習五：有一個有趣的實驗是用意志力讓人走向特定方向。你可以在路上走在某人身後，然後用前述的凝視法進行實驗。當那人走近另一個從反方向過來的人時，用意志力讓目標在經過另一個人時向左或向右轉。你也可以在某人走近你時嘗試這個實驗。這時你要筆直向前走，不要往左或往右，目光鎖定在走近的人身上，並用心智命令讓他依你所願向左或向右轉。

練習六：站在窗邊，目光鎖定在走近的人身上，同時用意志力讓他在經過窗前時，轉頭看向你。假如你已充分開發自己的專注力，會發現十次裡有七次，他都會順著你的心智吸引力來做。就算沒做「集中心思的藝術」裡的練習，你影響路過的人的次數，仍多到足以讓你相信箇中確實有「某種力量」。做這項實驗時，站在一樓窗前比起較高樓層的窗前，其效果來得更好。在順從這股念力的情況下，單純轉頭會比抬頭看向樓上窗戶的動作要來得簡單多了，第一種情況的成功率會大大超過後者。你也可以變化一下，在你經過他人窗前時，迫使他人將注意力轉向你。一旦開始練習，你會為之著迷，並依特定情境發明新方法來測試自己的力量。

這些練習能夠增加你對自身力量的自信，幫助你抓到傳送振動力的要領。當然，這些練習多少有些瑣碎，除了當作練習之用，不值得做為施展心智力量的手段，更不應該只是用來自娛，也絕對不可用來娛樂朋友。千萬不能浪費這種偉大的力量，也不能為了滿足他人低俗的好奇心而展示之。了解心智控制法則的真正重要性的學生，幾乎不會想要炫耀這項知識。

第三十五章　心電自念力

我不會佔用你的時間，試圖說服你心電感應是存在的。近來心靈科學已有長足進展，不只學習這個領域的人完全了解心電感應的真相，一般大眾對這個學科也多有認識，也普遍認為這是一個既定事實，就像X光或無線電那樣。事實上，大眾一般來說都相信思想移轉，近年心電感應的科學實驗只是讓他們更加確信自己原有的信念罷了。

因此，這堂課的目的不是說服你心電感應或思想移轉是既存實事，而是教你如何以對自己有利的方式善加利用之。

無論有意或無意，每個思想都會產生思想波或振動波並投射到空間，這些振動波或多或少會對他人心智帶來影響。

有一個方法能以直線向他人投射思想振動波，藉此吸引對方注意你。相較起漫無目的地投射思想波的平凡作法，這種方法好比一顆步槍子彈對上一堆芥菜籽。步槍子彈厲害得多了，假如你瞄得準的話。

某些心智科學大師在心電自念力這門技藝上已經練到爐火純青的境界，其所造就的某些成果在不熟悉定向思想振動波法則的人看來，簡直不可思議。想要達到這種成果，只能透過多年的研習、實驗，並過著跟普通人截然不同的生活。我想沒有幾位讀者願意為此「付出代價」。

不容易獲得也好，否則許多精通這種力量的人可能將之用於不當用途。我對幾位精通這種奇妙力量的大師很有信心，也多次見識過他們展示令人驚奇的思想移轉，但這些朋友要求我保密，因此我絕口不提。除了因為我做過承諾，散佈、傳播這種力量的資訊也絕非明智之舉，這股力量可能因此落入恣意妄為之徒手中，藉此將自己的意志強加在周遭的人身上。即便如此，這種奧妙知識的片斷資訊已被洩密並濫用。有些人無意之間發掘其中的基本原理，於是在自己有限的理解範圍內鑽研這個主題，其獲得的成果往往讓他們大吃一驚。

不過，講這堂課的目的不是要讓學生變成崇高的奧義大師、神秘論者、瑜珈術士或奇蹟大師，只是想讓學生透過施展心智力量——也就是個人吸引力——了解個人影響力法則罷了。因此，我不會細述心智科學大師運用意志力所產生的奇妙現象。我會介紹心電自念力的基本原理和實踐，這在你的日常生活上將很受用。我只會教你即使在數百公里外，仍能左右你想要影響的對象的注意力，僅止而已。如果你想透過閱讀和實驗深入研究這個學科，你大可這麼做，但我要提醒你的是，你會發現要達到更高的境界並不容易。我接下來要教的初級程度則容易達成，一旦了解理論之後，只要多加練習就能熟練。

我在前面說過，所有思想都會產生振動波，就像往池裡擲進一顆石子，引起陣陣漣漪向外擴散一樣。振動波會影響四面八方的人。然而，如果你沿著水面彈擲石子，漣漪會順著石頭彈跳的方向顯現能量。相較於普通思想的振動波，心電自念力的振動波就是屬於這種。舉例來說，你希望吸引某人對你產生興趣。你可以認真想著引起他人興趣的渴望，而且如果學過心智科學，可以想像他對你產生興趣的樣子。透過這種作法，你必定能向四面八方傳送強烈的思想振動波。部分振動波會觸即你的目標，多少對他產生影響，就看你對他的積極程度。即使在最理想的情況下，他所接收到的動力並不比其他人所接受到的強。相反地，如果調整你的心電感應裝置，使得強烈的振動力能以直線方式傳向你的目標，他所接受到的訊息會清楚多了。如此振動波的衝擊力會強烈很多。

為了產生最棒的效果，你應該做這個課程提供的專注力練習。不了解專注力也能產生些許效果，但若能了解，將可發揮十倍的威力。我先假設你已了解專注力的知識，也做過練習了。現在來看如何產生這些成果。

再過幾天，你就要跟某人面談。你希望讓他對自己的計畫和事業產生興趣。對方可能是陌生人，或至少對你漠不關心，不覺得你有何吸引人之處。你知道可以透過上述方法影響他，但你希望可能的話，能在面談之前就先與他進行直接交流——遠距離與他建立融洽關係。這些手段確實能夠增加成功機率。一旦與人建立融洽關係，你就取得重要的立足點，因為對方之後會無法克制地對你產生興趣——而且可能是強烈的興趣。

在上述情況下，最好的辦法是透過心電自念力，與你的目標建立心靈融洽關係。第一步是找一個安靜的地方，然後躺下或坐在舒適的椅子上。放鬆，鬆弛每吋肌肉，「放開」你的身體，直到你像一塊濕布一樣癱軟，幾乎忘卻自己擁有身體。靜下心來，保持消極、寧靜的心境，除了自己之外什麼都不要想，最重要的是，阻絕所有恐懼的雜念。專注就能輕易做到這點。

進入適當的狀況之後，刻意但平靜地想著另一個人。努力想時不要皺眉或握拳，保持消極、放鬆——要平靜、穩定地做心智努力。閉上雙眼，在心裡想著你要建立融洽關係的人的樣子，這對你會有幫助。如果你沒看過對方，那麼在心裡描繪一個模糊的樣子。試過幾次之後，你會發現對方在心裡的樣子似乎更真實了。事實上，你會意識到就某方面來說，你在跟對方進行心靈接觸。達到這個階段後，專心想著自己希望這個人做什麼，想像他正照著你的希望去做。不過，你心裡主要想的畫面必須是對方本身，因為這關乎你倆之間的聯繫——「幻想他照著你的希望行動」會產生較少的思想波。這些較少的思想波當然會以圓圈的方式向四面八方移動，但會以較平常更強的力量觸及你的目標，這時就開啟了直接的交流。只要練習和實驗，你就會大大進步。

想要得到最佳效果，想像你正透過一根直徑三十公分的長管觀看，你在管子的一端，你的目標在另一端。專心想像這個畫面，這代表一種完美的融洽狀態，顯示你成功阻絕所有外在印象，開啟心靈交流的通道。達到這個階段後，你就可以確認自己正在製造強烈的印象，除非在這根心靈管子另一端的人了解心智控制的法則，感受到一波波朝他而來的思想振動波，因而保持「積極」心境。對方當下的心智越消極，效果越好。稍加練習就能開發這個力量，對「管子」的印象也會越來越清楚，另一個人在你心裡的畫面也就更明顯。

你可能需要稍加練習，才能在心裡想像這根長管，不過有些學生似乎第一次嘗試就能想像出來。當然，這時的你早已進入必要的消極狀態。接下來是在心裡想像這種管狀聯繫。一開始的畫面會是一個模糊、朦朧的環狀，然後它的樣子會越明顯，變成一根管子開口的形狀。接著，這根管子會變長，讓你能夠順著長長的管筒看個清楚。你可能試過幾次就能得到這種成果，也可能需要多多練習。這跟掌握心智圖像形成的要領似乎有很大的關係。即便不去想像這種管狀作用，也能得到不錯的成果，但能想像這種作用的人，似乎才能得到最棒的成果。

順帶一提，你該培養「積極」心智態度，這能讓你得到更好的成果，並防止你在他人施展自念力時受到影響。如果你感受到外在影響，只要想著「我是」的念頭，馬上就會感覺到一股精神力量，讓你對他人的思想振動力無動於衷。充分欣賞並認識這個更高的自我，能讓你置身在思想光環的包圍中，不必有意識地抵抗外來的心智影響，就能獲得保護。在你充分認識更高的自我之前，你只需要一直想著這個念頭，透過肯定「我是」來主張真實的自我，同時在心中想著真實自我的樣子。想像自己被思想光環包圍著、保護著，這圈光環會彈開他人的思想振動波，如此就能創造一圈溫和的光環，只要你一直想著這個念頭，光環就會一直存在，完美抵禦外來的思想振動波。你該練習產生這些心智圖像，其成果將會為你帶來極大價值。如果你想獨處，在不理他人意見的情況下思考，那麼只要坐下來，用上述方法阻絕他人的思想振動波，你將意外發現自己的思緒變清晰了。下一堂課會講思想振動波的影響，不過在這裡說一下也無妨。即便不是對著我們而來，他人的思想振動波也會以逐漸擴大的圓圈移動，或多或少對我們所有人造成影響。大自然提供我們本能的反抗能力，但我們多少會受他人的思想振動波影響，覺得自己的意見往往只是跟周遭的人達成共識的結果。變換居住地點可能會使一個人的宗教、政治、道德等觀點也跟著改變，以呼應其對新環境的整體印象。這種改變是新鄰居的思想波總和所產生的作用。稍微想想，你就能想到許多例子來證實這種現象。眾人感受的浪潮能襲捲一個國家，激起幾乎每一個人的情緒，然後就像當初突然出現那樣，驟然之間平息下來。愛好平和的群眾也能被變成野蠻的暴民。一個人的情感和意見能被塑造到什麼樣的程度，取決於其所接收到的思想波的品質。屆時你將明白能夠任意阻絕外在印象，完全依自己的推論、判斷或直覺行事，是多麼寶貴的知識。不要小看這件事，總有一天這項知識會為你帶來難以估量的好處。有些時候，清晰的思緒是相當重要的事。可能有人對你施加強大壓力，迫使你做特定的事，但你還無法決定該如何行動。這時你需要自己想出最好的想法，想要有最好的想法，就要讓自己被思想光環包圍、保護著，好讓你在自己的心智堡壘中，決定怎麼做最好。這個方法能讓你做出許多最好的決定。務必學會這項技藝。

剛才我稍微離題去教你防禦他人的方法，現在要回到如何對他人採取攻勢的議題上了。假設你已照著前述指示，透過心電自念力開啟你和目標之間的直接心靈聯繫。之後跟他見面時，會發現他似乎比以前對你更有興趣，他會表現得好像更了解你，彷彿跟你認識多年似的，你跟他相處起來會比平常更自在。我並不是說他一見面，就會照著你在見面前施展的意念那樣去做（你還沒到那個境界），但他會顯露出讓步的傾向，事情進展將比預期順利。當然，重覆施展心電自念力將讓事情更加容易進行。不要因為事情看似就要失敗而感到灰心，繼續保持下去，成功將在你最意想不到的時候發生。

在所有面談中，都要保持無所畏懼、自信的心態，也別忘了運用眼神的力量。眼神的力量通常能夠重新開啟之前透過心電自念力所建立起來的關係——重新建立融洽狀態——讓面談更能照著你的意思進行。你一定要視當下情況行事，並學會在各種不同情境運用上述方法。上面的例子僅供示範，但它的原理是正確的，只要適當加以變化，就能在任何情況中從遠距離對他人產生影響，為面談做好準備。其原理放諸各種案例皆準。

仔細溫習這幾堂課的學生，將會發掘更多隨便翻翻的讀者忽略的細節。他會察覺字裡行間的意涵。只要你的方向正確，前面講過的東西將隨每次閱讀變得更加淺顯易懂。每當你閱讀某一堂課，都會得到新的想法。隨便翻翻的讀者只是大概看過，無法了解箇中精髓。這樣的人最後將會錯失深奧的意涵，只會看到表面的意思，也會覺得課堂中的說明和練習「隱晦難懂」。事情本該如此。一個人想要尋找什麼，就會發現什麼。有的人找到裸露的煤塊，有的人則發現埋藏在地底的鑽石，但煤塊和鑽石都是同樣的物質組成的。「要求就能到」、「尋找就會發現」。

在這堂課的結尾，我想說的是前面和這堂課描述的心智力量或許神奇，但透過所謂的締合思想力體現的心智力量，其神奇程度遠超過目前所講的階段。我會在下一堂課努力向你介紹這個有趣的主題。

第三十六章　思想的締合特質

心智力量的偉大作家普蘭斯特．馬福德（Prentice Mulford）用一句話總結他的哲理：「思想即物質。」他這句話陳述的是一個偉大的事實。如果人類徹底了解這個事實，將會顛覆整個世界。思想不只是一股動態力量，而是跟其他物質一樣，是一個實質的物體。思想是一種更細微的物質形態，或者說一種更粗糙的靈魂形態——兩種說法都對。物質不過是一種更粗糙的心智形態，心智不過是一種更細微的物質形態。自然界只有一種成份，但這種成份有許多形態，從所謂的最物質性的形態，到最高層次的形態——也就是靈魂——皆是如此。

我們思考時會傳送一種細微、縹緲物質的振動波，這種物質跟比較細小的蒸氣或氣體、液體和固體一樣真實。我們看不到思想——就像我們看不到比較細小的蒸氣或氣體。我們聞不到也嚐不到思想——就像我們聞不到也嚐不到純淨空氣。然而，我們感受得到它——許多人可以證實這點——這就好比強力磁鐵的強大磁力，它的磁力足以把數十公斤重的鋼鐵給吸過來，但對我們完全沒有作用。它的振動波能穿過我們的身體，對鋼鐵發揮吸力，而我們可能渾然不覺它的存在。光和熱發出的振動波強度低於思想，但其原理是一樣的。不一定要有五種感官的證實，才能證明物質或力量的存在。科學文獻多得是這項事實的證據。知名科學家伊利沙・格雷（Elisha Gray）教授在他的著作《大自然的奇蹟》中說道：

「世界上存在人類耳朵聽不到的聲音、人類眼睛看不見的色彩光波，關於這個想法，還有許多可供思辨之處。介於每秒四萬次和四百兆次振動波之間的漫長、黑暗、無聲空間，和在每秒七百兆次振動波之外、光已停止運行的無限範圍，這樣的空間和範圍，讓人不禁陷入上述想法的思辨之中。」

M・M・威廉斯（M. M. Williams）在他的作品《科學短篇》說道：

「在讓人產生聽覺的最快速波盪或顫動，和產生溫感的最緩慢波盪或顫動之間，並沒有漸變層次。兩者之間存在著足以容納另一個運動世界的偌大缺口，這個缺口就在人類的聽覺世界和光與熱世界之間。我們沒有理由認為物質不能進行這種中介活動，也不能假設這種活動無法引發中介感知，只要能有接收和覺察這類運動的器官。」

我引用上述作者的話，只是為了提供思想食糧給你，而非企圖向你證明思想振動波是存在的。這個主題遠遠超出本書範圍和目的，因此只能在此略微提及。

我們傳送的思想振動波的特性，取決於思想本身的本質。如果思想有顏色（有人說確實如此），我們會看到恐懼、擔憂的思想是混濁、沉重、接近地面的雲團；開朗、歡樂、愉快、自信、「我做得到，而且我會做到」的思想是輕盈、蓬鬆、飄逸的雲團，這些雲團迅速飄動，與其他類似的雲團混合成蓬鬆的大雲團，遠遠高於「我做不到」這種擔心害怕的思想所吐出的厚重、惡臭、污濁氣息。

無論你的思想波傳遞多遠，都會跟你保持一種特定的聯繫，對你和他人發揮影響力。你無法輕易擺脫「你的心智產物」的影響。如果你傳送壞的思想，你會被它影響，這時只能傳送強烈、適當的新思想波來中和、抵消，或主張「我是」這個念頭，藉此在心裡創造一圈光環，或者兩種方法都用。

思想波的特性體現了「同質相吸」和「物以類聚」這些俗話的字面意思。這種特性包括所謂的「思想的締合特質」，「締合」的英文「adductive」源自拉丁文「adductum」，意思是「聚集」。這種思想特質的表徵是心靈現象中最奇妙的特點之一。

恐懼或擔憂的思想會吸引其他同類並與之結合，你不只被自己產生的念頭折磨，還要為他人散發的念頭所苦，形成沉重的負擔。你堅持這種思路的時間越長，負擔就越沉重。相反地，如果你想著開朗、歡樂、愉快的念頭，就會吸引其他相同程度的思想，在其綜合影響下，你會覺得開朗、歡樂、愉快多了。這是千真萬確的，但我沒要求你光憑信念就要接受這種說法。試試看，你就會信服。不過，在用這些思想進行實驗時，也得對結果充滿自信，才能獲得更好、更快的成果。三心二意、懷疑的思想，其力量遠遠不及有自信、有期望的思想。

如果你朝灰心喪志、缺乏自信、「害怕嘗試」、「我做不到」的思路去想事情，就會吸引其他同類型的混濁思想，因而發現自己真的「做不到」，別人也對你的能力抱持相同的看法。

不過，只要你振作起來，傳送認真、自信、無畏、「我做得到，而且我會做到」的思想波，就會吸引其他相似的思想，進而讓自己得到更多激勵和力量，幫助自己達成目標。

如果你傳送嫉妒、羨慕的思想，它們會帶回同類思想，讓你痛苦難受，直到作用消退為止。仇恨思想的力量也會一路增強，並反過頭來傷害你。「惡有惡報」這句諺語比一般人認為得更貼近事實。憤怒思想會喚起他人心中的怒火（除非他能以正向態度回應憤怒），對方也會以憤怒思想回敬你，過程中其他的憤怒思想也一起加入作惡。你有聽過「尋找的，就尋見」這句話。這是當然的了，這也是沒辦法的事，因為一個人的思想會吸引其他同類思想，他用什麼樣的心思看待世界，世界就有什麼樣的色彩。

好的思想吸引好的思想；壞的吸引壞的。如果你憎恨一個人，將仇恨的思想傳送給他，你會換回仇恨，並面對一個充滿憎恨的可惡世界。在思想的世界裡，你傳送什麼出去，就得到什麼回來，而且是連本帶利奉還。傳送善良的思想，就會連本帶利得回善良的思想，你會迎向一個善良、樂於助人的世界，從中獲得好處。如果只從自私的角度來看，想著最好的思想能為你帶來回報。練習這種思路一個月，你會發現事情會有極大差異，自己會有極大變化，屆時你會嫌棄、厭惡地看待原本卑鄙、低俗、可悲的思想方式，無論給你多少錢，你也絕對不會想再回到過去。一個月後，你會發現這些回應性的思想波對你很有幫助，你的人生將會截然不同。試試看吧。現在就試。你一定不會後悔。

你要先根除兩種壞的思想，擺脫它們之後，連帶而來的不良影響也會消失。我指的是恐懼和擔憂。這兩株惡草會滋生其他壞的思想。擔憂通常衍生自恐懼，而且跟後者有著諸多相似之處。嫉羨、惡意和憤怒是衍生自仇恨的眾多惡草之一。摧毀「源頭」之後，你就不會再為它們生出的其他惡草所苦。在「性格養成」這一堂課，我會深入講解這點

我要繼續講思想的締合特質的另一個階段。我指的是透過正確的思想來達到成功，藉此展示這種特質。

你或許會覺得不可思議，不過其實所有成功人士都將自己的偉大成就歸功於真誠、有力、專注的思想振動波。他們將心思鎖定在特定思路上，在意志——也就是對「我是」的認識——的協助下，堅持這條思路；讓它形塑自己的性格，朝自己一開始就瞄準的目標筆直前進。其他人也有目標，但卻失敗了，因為他們沒能堅持這種思想，任由自己灰心、受挫、受到誘惑，或與自己的理想背道而馳。

成功堅持理念到最後的先決條件是：第一，要有壓倒一切的渴望（而非只是希望）；第二，要有自己能夠實現渴望的信念（而非只是半信半疑的信念）；以及第三，要有必勝的無比決心（而非只是沒骨氣地說「我會試試」）。

只要堅持下去，上述思想特質必定勝出。它們會塑造適合某項任務的性格，因為「思想會表現在行動上」。它們會賦予你影響他人的強大力量。它們會散發該種特質的思想波，進而吸引其他思想波來助你一臂之力。

如果想著「我做不到」的念頭，投射出來的振動波會讓人覺得你確實做不到，他們也就不需要你或你的服務了。出於自保，任誰都會迴避這類型的人。認為「我做不到」的人對這個世界不具吸引力。這種思想只會造成排斥，不會產生吸引作用。

然而，如果想著「我做得到，而且我會做到」的念頭，則會傳達跳躍、充滿鼓舞人心的訊息的振動波，世界將會深深地被你吸引，「事情將會如你所願地實現」。強大的人會對你有惺惺相惜的感受，樂於與你合作。軟弱的人會感受到你的力量，需要你的協助，並不知不覺被你影響、吸引。這是思想的吸引特性的一個例子。試試看吧。

思想的締合特質不只這點能耐。它也會為你吸引到對相同的事業有興趣的人。他們被你吸引，你也被他們吸引；你們彼此幫助，互惠互利。它會吸引到需要你的服務或協助的人，這些人會用對你有利的方式來利用你的服務或協助。它會吸引到能夠幫助你、增進你的利益的人。你是否曾經覺得被這樣的人吸引，在與他相處之前就先提供協助？當然有了。為什麼？為什麼你會願意贊助某些人，卻不想與其他人打交道？就是因為思想振動波的力量。如此而已。這種思想特質也將為你吸引到投射相同振動波的人，你會本能地知道這些人將會為你提供服務和協助。

我要告訴你的是，「事情必然成功」，只要你承認這條法則就行了。

這件事說來奇怪，也難以解釋（很難不去講到形而上學），但成功的程度絕大部分取決於你對這種力量的信念。半信半疑的信念只會帶來半吊子的成果，真誠、堅定、自信地相信「事情必然成功」，則會達到近乎奇蹟的成果。培養這種信念，同時對自己想要的事物傳送堅定的心智要求，你就會成功。「祈求，就給你們；叩門，就給你們開門」，但在祈求和叩門時，必須搭配對成功的堅定信念和預期。

海倫．威爾曼斯（Helen Wilmans）說：

「敢於主張『我』之人
會沉著地等待著
匆匆的命運則充分地
滿足該人之需求」

然而，「沉著地等待著」指的只是心境，一種冷靜、自信地預期「具體事物」的心智狀態。並不是說這個人會雙手交叉坐在那裡，什麼都不做，只是「沉著地等待著匆匆的命運」把回報送上門來。不是這樣的。海倫．威爾曼斯不是這個意思——她不是這樣的人。一個擁有強烈渴望、專注的思想動力的人，不會坐著等待——這會讓他熱切的渴望和認真的追求付諸流水。「思想會表現在行動上」——思想越是堅定，行動越是強烈。你或許會極度想要某件事物，也對自己得到它的能力充滿自信，但你得竭盡所能追求這件事物，「去得到它」。你會認同下面這句話：「別等事情發生——走出去讓事情發生」。你要用全副力量，同時沉著地要求事情因你的行動而發生。你將感覺到自己對「那件事物」的自信期待，總是會如你要求的那樣發生。

真希望有夠多篇幅，好讓我告訴你這種思想和行動方法的奇妙成果，但我只能點到為止，讓你注意到這個法則的運作方式。話說回來，人必須透過經驗學到事情，才會懂得欣賞它的真理。「我是」沒辦法用其他方式獲得。我要每個閱讀本課的人開始練習這種新的思想方式。首先，你必須相信我所說的話，但你很快就會透過個人經驗證實它是對的，然後你就會明白它是真的，並邁向成功。

任何事物都是你的，只要你全心想要得到。只要想就行了。任何事物。試試看吧。認真去試，你就會成功。這是這個偉大法則的運作方式。

下一堂課要講「性格養成」這個主題，我會向你證明「心裡想什麼，就是什麼樣的人」。

第三十七章 運用心智控制養成性格

讀過前面幾堂課某些內容的人想必會說：「對啦，講得很有道理，我可以達成這些成果，前提是我得具備必要的心智和性格特質。」

這對許多人來說似乎是一大阻礙。他們知道成功需要哪些必要條件，然而由於本身沒有成功人士的特性，因此認為獎賞遙不可及。這種錯誤的信念，這種恐懼的思想，這種欠缺對「我是」力量的認識，是世界上最嚴重的錯誤。

人既然可以憑藉意志力塑造心智，就可以透過意志力塑造自己。他可以讓自己「改頭換面」，這點毫無疑問。人是自己意志力的產物。這麼說很大膽，但絕對是真的。我們在每個地方都能看到數百個案例。數百人能證實這是真的，也有數百人正在親身體驗這點。重生不是夢想，而是活生生的事實。

只要開始思考凡事有因必有果，你就會明白它的意思。事業成功是因為具備特定心智、性格或氣質。在這三種特質中，只有第一個是真正的因，其他兩個則是果。具備這些特質的人，就能產出這種結果；缺乏這些特質的人，則無法得到這種結果。當你明白這些特質都在自己的掌握之中——你可以將之內化成自己的一部分——就會看到各種美好的可能性向你開啟。得到這些特質是達到這種境界的關鍵。

你知道這些必備特質是什麼：幹勁、野心、決心、勇氣、自信、毅力、耐性、審慎等等。

所有人都具備部分特質而欠缺其他特質。有些人的某些特質較強，其他則較弱。每個人都本能地知道自己哪方面不足。他或許不會向朋友甚至是配偶坦承，但在內心深處，他相當清楚這個事實。如果許願就能得到自己缺少的特質，他會知道要許哪個願。這點毫無疑問。但他欠缺必要的自信和堅毅思想，無法得到自己所需的特質。他不願意為了獲得這些特質付出代價。若有哪個偉大的科學家向世人宣稱發現一種神奇的化合物，或某種新的「血清」，能讓萎縮變小的心智機能再次發展，進而強化軟弱的特質，會有多少人對這種新的「再生藥水」趨之若鶩啊。成千上百的人都想要這個東西，每個人都知道自己需要哪個牌子的血清。不用診斷或處方，每個人都能自我診斷，並根據自己的症狀訂購血清。有的人需要三倍劑量的幹勁，有的人需要「堅持到底」的品牌，還有的人需要貼有「我做得到」標籤的藥瓶等等。他們都知道如果能有適當的血清，就能讓自己的性格臻於完美，讓成功呼之即來。

好了，沒有哪一種藥能夠產生這種效果。以後也不會有。不過，透過操作心智控制法則，就能得到想要的成果。

我只能讓你大概了解這個偉大法律的運作方式，但若你專心聽我講解這個主題，就能掌握它的原理，並想出辦法自我解救。

首先要記住的是，無論在生理或心理上，我們都是習慣的動物。我們的性格大多是思想習慣的結果。我們可能具備某些既有的思想動力，使得我們容易形成特定習慣，同時難以培養其他習慣，我們會沿著最不費力的路線思考；不過，性格畢竟是特定習慣的結果。我們沿著走過千百遍的舊有思維路線而行，即便知道新思路可能比較好，而且一旦形成之後，可能比現在的思路更容易行走，卻仍不願開闢新思路。我們清楚得很。這是老生常談了。那麼，為何我們不開始打通這條新思路呢？純粹是因為「太麻煩了」。我們缺乏這麼做的意念、決心和毅力。我承認這不是件簡單的事，但想想它能帶來多少回報。

當然，這些話對你來說已是「陳腔濫調」了，不過我還有其他東西要講，讓你不會覺得這個主題「過時」了。我要送你一個省時省力的「思路開創法」當作禮物，保證可以讓你在短時間內輕鬆清除路上的雜草廢物，不像過去緩慢辛苦的老方法那樣。

這個新方法很簡單卻很有效，毋須老方法的麻煩過程，就能讓你「改頭換面」。我會儘量長話短說。

我已說過心智擁有兩個面向的作為，也就是積極和消極這兩種功能。積極功能負責自主的、原創的思想，消極功能只做積極功能（或是別人）叫它做的事。消極功能是一家公司裡隨和的夥伴，我在前面的課已向你介紹過。催眠師正是先讓嚴厲的積極功能睡著，再對心智的消極部分進行催眠。雖說就某種意義而言，消極功能地位較為低下，但它其實支配著我們，除非我們知道如何管控它。它是慣性功能，是一再沿用的功能，我們都很清楚它的存在。它很容易受到影響，也很容易「定型」。反覆跟它說一件事——一件你想要它相信的事——它最後就會接受這個新的概念，讓這個新的想法跟之前的一樣「定型」。這是破除思想、行動、性格傾向等習慣的祕訣。消極功能據以行事的暗示可能來自你的積極心智，也可能來自他人的心智。這是好習慣或壞習慣養成的開始。

想要打破舊有思想習慣，並以新的思維習性取而代之，可能需要動用一種或多種方法。有人光憑意志力就能達到成果；有人需要有經驗的合格催眠師給予催眠暗示；有人需要透過自己的積極心智，來向消極心智進行所謂的自我暗示；至於第四種方法，我稱之為思想吸收。

光靠意志力打破思想習慣是最困難的任務，大多數人都很清楚，因為都試過了。這個方法只有最強的人才會成功，較弱的人會挫敗、放棄，覺得更加灰心、絕望。我們可以透過「加強意志」來達到成果，或者更正確地說，是透過意志來加強心智的積極功能，讓它站出來命令消極功能拋開舊有思想習慣，採用新的習慣。這是一個了不起的成就，但是非常難以執行。用較簡單的方法也可以得到同樣的成果。我會在這堂課講解一個較簡單的習慣養成法，讓消極心智更加聽從積極功能的命令。

第二個方法是透過催眠暗示改變思想習慣。許多人用過這個方法，成效頗彰，前提是施展催眠的必須是個適當的人，他徹底了解自己的專業，充分掌握根除不好思想習慣的最新方法。在這方面，我要提醒的是務必慎選施展這種治療的人。不能光是因為對方懂得催眠暗示，就把自己交給對方；就像不能光是因為一個人懂得記帳、算錢很快，就雇用他當銀行出納員一樣。

第三個方法是透過自我暗示產生效果，這個方法很好，搭配思想吸收尤其有效。使用自我暗示法時，你只需要重覆跟消極心智說新的習慣是存在的（別提舊的習慣）即可，雖然消極心智一開始會有點反抗，最後還是會接受你說的話，認為這是事實。就跟某些人在類似情況下那樣，它會把新的思想習慣當成自己的想法。自我暗示基本上就是透過積極心智對消極心智進行自我催眠。這正是「每個人都是自己的催眠師」的意思。

第四個思想吸收法是不時讓自己處於完全積極的狀態，心裡專注想著「新的習慣是存在的」這個想法或陳述，想像自己已經具備想要的特質。你要一直帶著這個念頭，在每個空閒的時刻，日日夜夜都想著自己已經擁有想要的習慣，並在行動中表現出這種信念。這完全是消極心智在想像力的協助下做的行動。這個方法看似簡單，卻能讓你得到近乎奇蹟般的成果。它是目前最容易，也是其中一種最有效的性格改造法。想像出來的事物會在相對短的時間內變成事實；思想既成，隨之而來的就是行動。

在我看來，結合自我暗示和思想吸收，是性格養成的理想療法。若能持之以恆，會在相對短的時間內達成最顯著的成果，一開始就能感受到它的效果。別因為這個方法看似簡單就忽略它。這個祕訣價值不斐，一旦體驗到它的好處，你絕不會想拿它換取財富。

接下來我要稍微解釋上述幾種方法。

我們用恐懼（擔憂）的思想習慣來說明。這是不良思想習慣的絕佳範例，其他所有壞的思想加總起來，都比不上它讓人無法勝任人生職責的程度，再說還會招來其所衍生出來的各種悲慘、軟弱的卑劣思想大軍。能將邪惡的恐懼（擔憂）思想連根拔起的人，已在通往自由的道路走完很大一段路程。恐懼思想對任何人都沒有半點幫助，反而摧毀成千上萬的人的職涯，癱瘓他們的幹勁，阻礙他們的進步，弱化他們的心智，並使他們的身體生病。我們都領教過它的淫威，已經摒棄這種思想的人，說什麼也不會再回到它的束縛之下。能將這株惡草連根拔起的人，人生完全不一樣了。他會成為一個截然不同的人。我們害怕的事大多不會發生，即便其中少數真的發生，只要我們心無恐懼、擔憂，就能產生力量，進而勇敢化解這些事情。我們浪費在擔憂上的精力和生命力，足以讓我們在麻煩真的發生時用以克服之。曾經有個故事說到有位老人在臨終時，給了兒子一個忠告：「孩子啊，我活到八十歲了，一直擔心這個擔心那個的，到頭來，我擔心的事大多都沒發生。」這位老人說的，正是所有上了年紀的人的人生經驗。其寓意再明顯不過。

我假設你是恐懼思想的受害者（我說得沒錯吧），而且準備嘗試這四種方法來擺脫這種思想。我也假設你會逐一試用這些方法。

你會先嘗試意志力的方法，對自己說：「我不會恐懼」、「我命令恐懼離開」。這是根除積習的英勇作法。我就不詳述這個治療方法了。你早就明白了，因為你已經試過了。

接著你會嘗試催眠暗示的效果。你會找一個優秀的暗示師，他會讓你保持輕鬆的姿勢，讓你放鬆每吋肌肉，安撫每條神經，處於冷靜的心境。待你專注一心時，他會施予你強烈、重覆的暗示，讓你無畏、勇敢、心懷希望、充滿自信等。這位能幹的暗示師會仔細研究每個案例，透過謹慎挑選、適當施予暗示，進而播下新思想習慣的種子，藉以取代並淘汰舊有習慣。這種治療會得到絕佳成果。筆者本身也用這種方法治好許多有不良思想習慣、想要尋求外在協助的人。他也用這種治療讓病患開啟正確的思路，使其對自己和這種心智開發法的效果有信心，再教他自我暗示和思想吸收的理論和練習，讓他自己完成這場戰鬥。

再來你會嚐試自我暗示的力量。你要重覆對自己說：「我無所畏懼」、「我有自信」、「我已拋開恐懼」、「我什麼都不怕」等等。一定要認真地施予自我暗示，就像你在對他人進行暗示那樣，而且一定要努力實現暗示。讓你的消極心智看見你相信自己所說的話，它就會對你的話產生信心，認為這些話是對的，進而接受之並據以行動。如果你誠心、認真地做這項練習，一開始就會看到進步。不過切記，如果消極心智在你的意識中插進擔憂思想，你一定要加倍強調你無所畏懼，直到入侵者撤退為止。一開始你可能會很困擾，因為擔憂思想認為你會敞開大門迎接它，但跟骯髒的野狗一樣，它很快就會發現你手裡拿著棍子。一看到棍子，它就會逃之夭夭。在心裡想像這隻野狗和棍子的樣子，就不難對付這隻禽獸了。你會學著像對付咆哮亂吼的野狗那樣鄙視擔憂思想，假如它還賴著不走，等著被打，你會毫不猶豫地拿心裡的棍子好好打它一記。它很快就會夾著尾巴逃走，從此對這根棍子敬畏有加。不要等到它真的來煩你，養成看到這隻畜牲的毛色就拿起棍子的習慣。

現在，你準備好嘗試思想吸收的效果了。這時你要讓自己處於一個可被暗示的消極狀態，就像你請來的暗示師準備施予有助於你的暗示那樣。你越消極，效果越好。換句話說，你要放鬆、拋開雜念，讓身心都處於完全消極的狀態。如此能讓積極心智卸下職務，讓消極心智得到完全的掌控權。接著你要平靜、堅定地想著「我無所畏懼」等上面說過的話。於此同時，想像自己行為舉止無所畏懼，在精神和肉體上都勇氣十足，就像用心裡的棍子趕走擔憂這隻畜牲一樣。在你理想的思路下充分發揮想像力。你會發現專注力練習在這裡會很有用。你要一直想著自己無所畏懼的念頭，並努力把這個部分自然地演出來。對，我說的是演出來，就像演員拿到某個角色那樣。設定的角色很快就會變得更加真實，總有一天會變成「真的東西」。稍加練習之後，這個念頭會變成你的第二本質，最終變成你的真實本質。

前面說過，思想吸收加上自我暗示是性格養成的理想療法。結束這堂課之前，我會提供幾個用來幫助你進行思想吸收的練習。不要忘了做專注力練習，但也不必等到熟練以後，才來對抗恐懼思想這隻野狗。現在立刻開始反抗。今天就做好這根棍子，等待這隻禽獸上門。一旦把它趕走，你就能好好研習這個學科，不會再有這隻禽獸圍繞著你狂吠亂叫。

缺乏幹勁、自信、毅力等的療法，跟恐懼思想的療法一樣，不過當然要依特定案例，修改一下自我暗示和肯定時的遣詞用字。

思想吸收練習

一、找一個安全、安靜的地方，儘量遠離外界景象和聲音。如果找不到條件理想的地方，務必讓自己安於當下所能得到最好的環境。重點在於阻絕令人分心的外在印象，讓你能跟自己獨處。

二、讓自己躺在床上，或坐在沙發或舒適的椅子上，呈現輕鬆舒服的姿勢。放鬆每吋肌肉，鬆開每根緊繃的神經，讓自己從頭到腳處於完全「無力」的狀態。慢慢地深呼吸，吸氣之後稍微憋氣，然後吐氣。繼續深呼吸，直到感覺平靜安祥。

三、將全副注意力向內集中在自己身上，阻絕所有外在印象。專注力練習能幫助你做到這點。

四、達到身心放鬆的適當狀態之後，堅定、冷靜、平穩地想著「無畏」這兩個字，讓這兩個字的外形陷入你的心智，就像用印模壓進蠟裡那樣。讓自己臣服於這個念頭和字詞。然後想著這個詞的意思、具備這種特質的人的性格等等。

五、在心裡想著自己擁有這種理想特質的畫面，在心裡把它演出來，就像在夢裡那樣；

想著自己擁有這種特質後在做哪些事情；看著自己具備這種特質後，與他人之間的關係。簡而言之，讓自己沉浸在愉悅的「白日夢」中，夢的主題是你擁有理想的特質。在緊貼夢境主題的情況下盡情發揮想像力，就會看到自己在夢中場景和情境中成功的樣子。每次都用強烈的「我是」這個觀點和思想來結束夢境。這能讓你更有力量和自信。事實上，比較好的作法是輪流想著前述特質和「我是」這個念頭。

六、儘可能多練習，才能產生滴水穿石的效果。重複出現的思想能很快紮根、成長。晚上休息時練習是很好的作法，夜裡若有醒來也可以練習。這些練習並不會讓你保持清醒，而是會讓你容易想要睡覺。如果覺得快要打起瞌睡，不要抗拒，因為懷著這種印象進入夢鄉，能讓它深植你心，使其在你熟睡時發揮作用。

在上述練習中，我用「無畏」和伴隨而來的念頭，說明誘發思想吸收的過程。你也可以使用其他相應的字詞，來表達你想獲得的特質。如果你想擺脫不好的特質，那就挑選表達相反念頭的字詞。舉例來說，如果你容易懶散，那就挑選「積極」或「幹勁」等字。你要記住，若想讓房間亮起來，不必先驅散黑暗；只要打開窗簾，讓光照進來，黑暗就會消失。不必去管不好的思想，專注在相反的思想上，正向思想就會中和負面念頭。如果沒有如你所願那樣快速見效，也不必感到灰心。記住，你終究會看到成效的。你只需要反覆練習就行。心智跟肌肉一樣，都能透過持續練習鍛練出來。

我已提供方法，讓你治好自己的缺點。如果你不善用它所帶來的好處，那單純是因為你不想這麼做。如果你心中有強烈的渴望，你就會做了。如果你缺乏強烈的渴望，那我也愛莫能助。如果你情願賣掉心智控制這項與生俱來的美妙權利，換取當下的一時放縱，那是你自己的事。你是自己的主人。你想讓自己變成什麼樣子，就會是什麼樣子。

第三十八章　集中心思的藝術

在一般對話中，我們常用「專注」這個詞來表達「聚集」、「減少體積，增加強度」，或「結合」的意思。為了避免產生錯誤概念，我傾向使用「集中」這個詞。「集中」的字面意思是「集結到相同的中心」或「聚焦」。在心裡分析「集中」這個詞，就是「集結到中心」的意思。*

用於心智力量練習時，「集中」這個詞有通俗——也就是常見——的意義，也有深奧——也就是隱含——的意義。通俗意義是將心智集中在某個特定思想或行動上，禁止所有外界思想或印象。深奧意義是將心智集中在自我——也就是「我是」上，禁止所有物質肉體或

*「專注」的英文concentrate也有濃縮的意思，作者因其所述之必要性，而用concenter取代。

粗糙自我的思想，讓心智留在靈魂這個更高層次的區域裡。第一種形式的集中是日常生活中最有價值的成就；而對更了解真實自我、渴望了解靜謐的奧妙的人來說，第二種形式則是最理想的成就。在這個課程裡，我只會講集中心思的實務面向，畢竟這才是本書宗旨。不過，我已給予讀者關於深奧階段的提示，如果讀者對此感到興趣，也許就知道該怎麼做。

將心智集中在某個思想或行動的技藝，是一個人所能擁有最有價值的成就。我們都聽過「盡全力做一件事」、「一次做好一件事」等等的好處。我們都知道那位說自己之所以能畫出傑作，是因為他「在顏料中混進一點頭腦」的畫家，以及那位「在十字鎬中加進一點腦袋」的礦工。

我們都知道若能集中心思並結合行動，就能把最簡單的任務做得更好。工匠的技能等級，取決於他們有多集中心思在工作上。一個「對自己的工作有興趣」，並在日常任務中找到知識上的樂趣的人，能把工作做到最好，也會比較快樂。一直看時間，或「聽到下班鐘響就把十字鎬隨便亂丟的人」只是機器，永遠不會出人頭地，除非他改變自己對工作的觀點。「用腦袋做事」或「不畏艱難，使命必達」的人大家都搶著要。許多雇主都在尋找這樣稀有的物種。員工什麼時候才會懂得這個事實？

這些跟集中心思有什麼關係呢？這麼說吧，一個人在工作中所投入的興趣和頭腦，是他自願集中心思的結果。在日常生活中練習集中心思的人，會阻絕令人分心的印象，將最大的思想力投注在眼前任務上，因此能把工作做得更好，無論他是臨時工、建築師、職員、業務人員、詩人、畫家或銀行員都一樣。每個「成功」的人都已發展出集中心思的技藝。他或許沒有發現，不過事實就是如此。此外，任何發展出集中心思技藝的人都將「成功」。試試看，你就會信服。你自己看就知道了；它必會產生效果。如果你集中心思在某件事上，並堅定這個念頭，就會忍不住把工作做到最好。如果你把工作做到最好，就會得到適當的報酬，只要你俱備與生俱來的感知，就不會讓自己被人催眠，因而相信自己不過是隻爛泥中的蟲子或人體地墊。如果你把工作做到最好，你會找到需要自己服務的市場。如果你現在的雇主不欣賞你，外面多得是賞識你的人。但你必須做事——不要忘了這點。沒有人會傻到花錢雇一個不做事的人。喔，不會的，當雇主的才不是這樣的人，否則他也不會「成功」。但同樣地，如果你著手工作，集中心思，進而把工作做到最好，他也不會放你加入對手陣營。如果你對現在工作上一事無成感到灰心，那就學會集中心思，振作起來、重新開始，為自己應得的一切而努力。如果你夠努力，最後必會有成果。不要浪費時間埋怨「資本的壓迫」之類的事。如果你是個能夠「集中心思」的人，資本自會傾囊去獲得你的服務或購買你的商品。你還不懂嗎？你當然懂了。那就別再磋跎，認真工作。趕快動起來。如果你拒絕接受這個拯救你的財務狀況的方法，那就一輩子躺著當人體地墊好了，誰管你啊！如果一個人懶到不想被救，就由他去好了。他活該如此。有些人需要有人拿著狼牙棒站在旁邊，在他們開始怠惰、放空時好好打他們一記。別再恍神了，開始做正經事吧。有些人終其一生都在幻想來世，整天無所事事。他們想必是被騙了。大自然中所有生物都在動，上帝也是每天勤奮工作。我相信當你身後來到三途之河岸邊，會看到一個牌子，上面寫者「遊手好閒者禁入」。如果你對自己的工作感興趣，就不會害怕工作。開始工作，將自己從貧窮和不幸中拯救出來吧。現在就做。

能夠集中心思的人掌握了治好憂鬱的療方。怎麼治呢？不過就是阻絕不愉快的思想，集中心思在更歡樂的事情上。別說你做不到。只要掌握訣竅，你就做得到。數以千計的人發現這個方法對付憂鬱、灰心、擔憂、恐懼等等特別有效。試試看，你會發現人生整個都不一樣了。試試看，你會感受到如此暢快，再也不會怨天尤人。試試看，你會感覺到生命的喜悅貫通全身，並感謝上帝自己活著，而不是詛咒自己出生的那天。你的工作會做得更好，你的感覺會更好；你會變得更好。這難道不值得一試嗎？

或許你會自認懂得什麼叫做集中心思。也許吧，咱們就來看看。拿支鉛筆，試著好好把它削尖。慢慢地削，把它削到完美無比。現在，看看你能否集中心思在削鉛筆這件事上，到了排除所有外界思想的地步。試著將全副精力和思緒投注在眼前的任務上。這一刻只為削出極尖鉛筆而活。覺得如何？很難對吧？對，我想也是。你需要練習，年輕人。做這個課程提供的練習，反覆練習到無論做任何事情，思緒都不會到處飄盪為止。任何人都能集中心思去做一項令人愉快的任務，但若交給他們單調、討厭的工作，就會發現他們心不在焉，除非他們學會透過意志集中心思。集中心思在一項討厭、無趣、單調的任務上，是對能力的一種考驗。克服這個麻煩之後，你會發現自己已經解決白費努力、白忙一場的問題。透過集中心思，你將能聚焦自己的注意力、思緒和精力在一件事情上，進而獲得最好的成果。用玻璃片將陽光聚焦在某個物品上，所產生的熱能是比用同一種光源和熱源直接照射的還要強上好幾倍。注意力也是同樣的道理。分散注意力只會得到普通的成果，但將注意力聚焦在要完成的事情上，就能獲得驚人的精力。集中心思的人將注意力和思想力聚焦在一個事物上，結果就是他的每個行動——無論有意或無意——都會朝著得到那個事物的方向邁進。就像我在上一堂課說的，只要認真想要得到，就能獲得一切。如果他將精力聚焦在一件事情上，到了排除其他思緒的程度，其所產生並聚焦的力量必能帶來成果。

講了這麼多，寓意其實就是：「無論做什麼都要全力以赴。」認真地做。「一次做好一件事」。

正如前面幾堂課所說，想從思想力獲得最棒的成果，就要學會集中心思的技藝。讓思想聚焦，就能增加思想的力量，反思片刻，你就會明白了。你該用集中心思的練習搭配前面幾堂課的練習。這些練習多少有點單調無聊，不過還是應該繼續練習，直到熟練。你的努力會得到回報，從一開始就能明顯感覺自己集中心思的能力增加了。

開始介紹練習之前，我還有一件事想跟你說，那就是透過集中心思來讓身心獲得休息。如果這是練習所能帶來的唯一好處，也還是值得你花時間去學習。假設你因為做了體力或腦力活而疲憊不已，需要休息一下。假如你躺下，一直盤據心頭的思想會回來糾纏你，讓你的心智無法獲得所需的休息。其背後的理論是，每個思想都會引發特定腦細胞的運作和活動——其他的腦細胞則趁機休息。如此來看，當其中一組腦細胞因過度運動和工作而筋疲力盡時，讓它充分休息的唯一辦法，就是你得集中心思在一個完全不同的思路上，關閉剛才被你累壞的細胞。這時，這些細胞仍因剛才接收到的強大刺激而興奮振動。透過集中心思在新的思想上，原本的細胞就不再繼續工作，進而獲得亟需的休息。這些細胞會很想要工作，許多還會無視於你，企圖再回去執行任務。不過，一旦你熟稔集中心思的技藝，就能學會操控這些細胞。你一定記得自己曾在努力工作一天後，腦袋疲累不堪，但一拿起有趣的小說，你就饒富興味地讀著，因而讓原本的細胞暫歇一會兒。等你讀完小說，你會覺得精神煥發，儘管讀小說這件事本身也需要動腦。這就是理論。現在把它付諸實踐，你就不必再抱怨用腦過度了。你將可以任意開關思想，就像穿脫外套那樣，在必要時轉換思緒。

我會在下一堂課給你幾項練習，讓你能發展出集中心思的能力。在本課最後，我要再次提醒你，集中心思的根本原則是將注意力聚焦在特定思想或行動上。只要可以加強自主抑制非必要思想的能力，任何練習都是很寶貴的，這裡提出的練習只是提供建議而已。

第三十九章　集中心思的練習

集中心思的第一要件是阻絕外界思想、聲音和影像，克服注意力不集中，以及完全掌控身心的能力。身體必須受到心智的直接控制，心智則必須受到意志的直接控制。意志本身已夠強大，但心智必須受到意志的直接影響才會增強。在意志的刺激下增強的心智，會成為更強大的思想振動波投射器，這些振動波的威力和效果會更強烈。

我會先從訓練身體，使其服從心智命令的練習開始講起。

第一項練習——同時也是得先學會的練習——是控制肌肉運動。乍看之下或許相當簡單，不過試驗幾次之後，你就知道自己還有很多要學。下列練習對於完全控制肌肉有極大幫助。

一、靜坐不動。這不是件容易的事。首先它會考驗你集中心思，以克制非自主肌肉運動的能力。不過稍加練習之後，你就能在不動到任何肌肉的情況下，靜坐不動十五分鐘以上。最好的方法是讓自己坐在一張舒適的椅子上，用舒服的姿勢坐著，然後全身放鬆，努力保持完全靜止五分鐘。繼續練習，直到能夠輕鬆做到，然後把時間拉長到十分鐘。熟練十分鐘的練習之後，再把時間增加到十五分鐘，這項練習只需要到這麼長的時間即可。本書的任何一項練習都不要做過頭了。最好的方法是每次練習一點，但要盡量經常練習。記住，不要用僵硬的姿勢坐著，千萬不能讓肌肉緊繃，必須完全放鬆。當你體力耗竭，想要好好休息時，這種放鬆方式對你會很有用。這是理想的「休息療法」，可以坐在椅子上或躺在沙發或床上進行。

二、在椅子上坐直，頭抬起來，下巴往外推，肩膀向後。右手向右抬到與肩同高處。轉頭盯著你的手，手平穩不動一分鐘。左手以同樣方式照做。可以完美做到這點之後，將時間拉長到二分鐘、三分鐘，直到可以維持這個姿勢五分鐘。手掌應該朝下，這是最輕鬆的姿勢。眼睛盯著指尖，就能看出手是否保持完全平穩。

三、將一個玻璃杯裝滿水，右手拿著杯子往前舉出。眼睛盯著杯子，努力穩住手臂到看不出一絲顫抖。先從一分鐘開始練習，接著拉長時間，直到五分鐘的極限。左右手輪流練習。

四、應該放鬆的時候，就要努力避免讓肌肉處於緊繃狀態。努力養成沉著的態度和舉止。培養輕鬆鎮靜的行為，不要表現出慌張、緊繃，過度焦慮的樣子。心智練習能幫助你養成適當的儀態和舉止。別在桌子或椅子上敲手指。這種動作露透出你缺乏自我控制力。不要抖腳，說話或坐著時不要前後擺盪雙腳。坐在搖椅上時不要來回搖擺，好像在操作機器一樣。讀書或寫字時不要咬指甲、嘴唇或臉頰內側，也不要在嘴裡扭動舌頭。不要眨眼或閉眼。戒掉扭動或抽動身體任何部位的習慣，不然會變成你的習性。只要隨時警惕自己並練習集中心思，就能輕鬆停止這種動作。

上述練習教你控制不由自主的肌肉運動，讓你的身體受到自主功能的控制。接下來的練習是設計來讓你的自主肌肉運動直接受到意志的控制，換句話說，就是訓練產生自主肌肉運動的心智功能。

一、坐在桌前，雙手放在桌上，握起拳頭，手背朝下擱在桌上，大拇指在上蓋住其他手指。眼睛盯著拳頭一會兒，然後慢慢伸出大拇指，全神貫注地看著這個動作，彷彿這是一件最重要的事情。接著慢慢伸出食指，然後是中指，以此類推，直到打開所有手指。然後倒過來做這個流程，先收起小拇指，持續做到拳頭回到原本大拇指蓋住其他手指的姿勢。左手重覆這個流程。坐著持續練習五分鐘，然後增加到十分鐘。這項練習會讓你「疲累」，但你必須堅持下去，它讓你專注在瑣碎而單調的練習上，藉此訓練你的注意力，因此相當重要。再說，它能讓你直接控制所有肌肉活動。你很快就能感受到這些簡單、看似不重要的練習所帶來的好處。不要忘了專注在手指開合的動作上。這才是重點，如果忽略它，練習也就沒有好處了。

二、這項練習是老招數了，許多鄉巴佬常有這種稱為「繞拇指」的動作。雙手手指交扣，大拇指不要扣住，然後慢慢地用兩根大拇指以畫圈的方式，彼此繞著轉動。務必專心注視大拇指末端。

三、右手放在膝蓋上，食指指向前方，其他手指收起。然後食指慢慢地左右移動，專心注視食指末端。

你可以無限延伸這些練習，也可以發揮巧思，以上述練習為開頭，想出其他額外練習。

這類練習的大原則是它必須包含瑣碎、熟悉、單調的肌肉運動，而你必須將注意力集中在身體移動的部位上。你的注意力會抗拒這種強制要求，並會想方設法逃離束縛。就是這樣才需要練習。你必須堅地定讓你的注意力從頭到尾全神貫注，不要轉向更有趣的景象或事情。想像你是嚴格的老師，你的注意力是貪玩的男孩，他厭倦讀書，想要偷看幾眼窗外或門外更有吸引力的景色。你的責任是讓男孩專心看書，這是為了他好，雖然他現在還不明白。不久之後，你會注意到自己更能控制肌肉活動、儀態和舉止，也會觀察到自己更能集中心思在日常事物上，這對你將有極大好處。

這類練習的目的是幫助你集中注意力在與你無關的物品上。拿個不有趣的物品，例如鉛筆好了，並將全副注意力集中在鉛筆上五分鐘。熱切地看著它；想著它；把它轉過來；思考它；想想它的用途、目的、製造材質和過程等等。除了這支鉛筆之外，其他什麼都不要想。想像你人生的首要目的就是研究這支鉛筆。想像世界上沒有別的東西，只有你和這支鉛筆。「整個世界只有兩個東西——我和鉛筆。」別讓你的注意力從鉛筆移開，讓它做好自己的工作。你在試做這項練習時，會發現自己的注意力有多麼叛逆，不過別讓它佔上風了。它會覺得很煩，但這是為了它好，所以要堅持。當你征服叛逆的注意力，你將獲得遠大於你現在所能體會的勝利。未來當你需要全神貫注於眼前事物時，你會感謝我「逼你」做這項練習。

你可以每天變化一下這項練習。務必選擇無趣、熟悉的物品來練習集中注意力。不要挑選有趣的物品，因為這完全不需要努力集中注意力。你需要某種在你的注意力看來像是「工作」的物品。物品越無趣就越像是工作，練習的效果就越好。這項練習的麻煩是你很快就沒題材可用，因為持續集中注意力在無趣的物品上，會讓注意力出於自我防衛，而對其所注視的物品產生興趣。不過，當你達到這種境界，也不太需要練習了，因為你已能夠集中注意力在任何人或物身上。

上述練習已經足以滿足你的目的，因為你會發揮創意和巧思，將這些練習加以延伸。你可以用日常工作中的東西來練習。現在你已牢記大原則了，就不怕沒有題材可以練習。

既然你已了解集中心思所能得到的好處，就可以更聰明地做前面幾章的練習。你將能更有效地想著某個念頭，投注更多精力來施予暗示和投射思想振動波。你的眼神練習會達到新的階段，心電自念力等練習也是。你將能夠克服壞習慣，養成好習慣。簡而言之，學會集中心思的技藝，每件事都會做得比以前更好。你將能牢牢控制身體和心智，也將能夠操控自己的喜好，而不是任其擺佈。你從自己身上獲得的力量，將體現在你對他人的控制上。能夠征服自己的人，必能將自己的意志加諸他人身上。持續練習集中心思和讓心智服從意志的能力，你將比沒有這種能力的人來得更加強大。用不同方式測試你的意志力，直到你有信心能夠完全掌控自己。達到這個境界之前絕不自滿。當你能夠掌控自己時，必能輕易掌控別人。

第四十章　給所有堅持至今的你

我想堅持上完前面幾章的讀者心裡對於課程講的真相，想必有一種出於直覺的信心。基於本書篇幅和性質，我最多只能讓讀者注意到心智科學的重要根本事實、向他們提示偉大的真相、跟他們介紹幾項練習，好讓他們認真練習，開發潛在力量。再講更多的話，就超過本書範圍了。本書目的是提供普遍性的指導內容，讓大眾能在日常事務中施展並運用個人吸引力和心靈影響力。一般讀者只要學會這個學科的「實用」面向就滿足了，並不會想著要進入它的奧祕階段。至於少數想要深入學習這個學科、穿透它的神秘面紗的人，尚有其他相關資訊來源，我很樂於指點向我詢問的人。

我無意再深入講解這個學科，只是要說在我個人看來，透徹了解心智科學的基本法則，能為人們帶來最崇高的生活和行為準則，同時讓人體認自己的個體性、能力和力量，也就是覺察自我——「我是」——的真實性和潛在性。對自我的認識能讓人產生新的責任感和履行責任的方法。

學習所謂「新思想」的人會發現相關文獻多不勝數，內容多為不切實際的論述。儘管裡頭含有幾顆思想的穀粒，卻被粗糠般的空話層層包住。尋找箇中道理的人從中得到的，除了空談還是空談。值得花時間精神一讀的著作少之又少，而且學生還不知道上哪兒才能找到。許多人要求應該針對這個學科，出版實用、好懂的著作。認真要求一件事物，它就會被實現，按照這條恆定規則，這樣的著作一定會出現。所以趕快認真要求吧。

對於這些學生，我要說的是別被「主義」或「大師」給迷惑了。你在內心已經擁有這個真相，總有一天它會展現在你眼前，就像一朵花般慢慢、自然地綻放。認識「我是」就能帶來回報。蘊藏其中的小小火焰會散發光芒，照亮一切。

認真、冷靜地追求你的人生之道。欲速則不達；慌張只會浪費精神；喧嘩只會消耗體力。具備平靜、沉著、認真、堅持特質的人，會比具備相反特質的人更早達成目標。自信、預期和冷靜的要求擁有三倍的強大動力，只要領悟這點，就能解決許多問題。睿智的人懂得善用愚昧的人忽視的東西。「匠人所棄的石頭，已作了房角的頭塊石頭」。*

別像蠕蟲一樣趴在地上爬行；別低聲下氣，呼喚上天看看你是多麼卑鄙的生物；別叫自己「可悲的罪人」，只配一輩子遭人唾棄。告訴自己，「我是」永恆生命法則的一部分，「我是」根據神的形象創造出來的；我體內充滿神的生命氣息；什麼都傷害不了我，因為「我是」永恆的一部分。

朋友，走自己的路，在新的決心中茁壯，在新的力量中強大。先對自己盡責，再對你的兄弟盡責。你要了解人與人之間的兄弟之情，了解所有人都是你的兄弟——即便沒有深厚的關係，大家都是兄弟。不要佔兄弟的便宜，但也別讓他佔你的便宜。如果你違背自己的判斷和良知對他讓步，不只傷害你自己，也傷害了他。不要尋釁滋事，但也別讓人打了你卻不受罰。如果有人打你一邊臉頰，別把另一邊也轉過去讓他打，而是也要打他一記，而且用力地打。不要心懷仇恨地打他，他被你「打醒」後也要馬上原諒他。人們總是誤解不反抗的意思，不反抗不代表要當一個沒骨氣的傢伙——一個順從、心軟的人。不是的，任由別人佔你便宜、欺負你，不是你對他該有的行為；你的職責是讓他知道「他的地位在哪兒」。我指的是真的挑釁或侵犯你的權利的行為，不是幻想被人欺負或小題大作那種，那是另一種極端。不過，別讓仇恨在你心中找到落腳之處。「心懷神的恩典，手拿結實的山胡核木棍子」行走

---

*《聖經》馬可福音12：10。

天下。別用這根棍子攻擊他人（絕不能這麼做），但要隨身攜帶，以便自我防衛。若你「披上正義偉業的盔甲」，*世人看到你是個自重、不會不講道理的人，都會以禮待你。舉止自信、沉著的狗幾乎不怕路過的人踹牠一腳，不過畏縮不前、夾起尾巴，一副讓人可以踹得更準的樣子的膽小狗，就一定會被踹。他期待什麼，就會得到什麼。這個道理在狗身上適用，在人身上也是。若你照著這本書忠告和指示去做，就不容易被人粗暴對待。但要記住——你自己不能像踹狗那樣對待別人——你的水準必須在此之上。

某位老作家用下面這句話總結一個人對他人的職責。這句話應該用鑲金字體刻在家家戶戶門口：

「不得委屈他人，予人其所應得。」

假如這句話能成為眾人的行為和生活準則，世界上就不再需要律師、法庭或監獄了，人生則會是一首「漫長而美妙的歌」。試著盡到你的本分來實現這樣的結果。

我再一次警惕你不要濫用這股新發掘的力量，不要玷汙了心靈的恩賜。在每個正當的情況下自由使用這股力量，但不得因此傷害任何人。

如果你無法理解本書教導的事，不要覺得灰心，總有一天你會懂的。反覆閱讀在你看來最難的部分，讓自己處在身心放鬆的狀態——進入靜謐之中——你將會有新的體悟。「叩門，就給你們開門；祈求，就給你們」。†

現在，朋友們，我們準備分道揚鑣了。我們或許會再見，如果沒有，讓我們懷著「這段短暫相識並未讓我們變得更差」的感覺離開。如果我對你有任何好的影響，如果我喚起你心中的新思想、希望和抱負，我願你能將之體現在行動和成果中。

我相當享受這趟沿著溪邊而行的短暫旅程，我相信自己沒讓你感到乏味，也沒讓你後悔與我相識——這段相識並非偶然，你可以放心，因為「什麼都沒發生」。

感謝你專心閱讀本書。

---

* 「披上正義偉業的盔甲」（clad in the armor of a righteous cause）引自一八九六年美國政治人物布萊恩（William Jennings Bryan）在民主黨全國代表大會上的「黃金十字架」演說（Cross of Gold Speech）。布萊恩在演說中批評當時主張採用金本位制的貨幣政策，認為此舉有如將人民釘在黃金十字架上，這場演講使他成為民主黨總統提名人。

† 《聖經》馬太福音7：7。

亞當斯密 01

相信就是力量：吸引力法則創始大師阿特金森的永恆智慧

Thought Force

作　　者　威廉・沃克・阿特金森（William Walker Atkinson）
譯　　者　林敬蓉、楊雅琪、蔡裴驊

堡壘文化有限公司
總 編 輯　簡欣彥
副總編輯　簡伯儒
責任編輯　簡伯儒
行銷企劃　曾羽彤、游佳霓、黃怡婷
封面設計　廖勁智

出　　版　堡壘文化有限公司
發　　行　遠足文化事業股份有限公司（讀書共和國出版集團）
地　　址　231新北市新店區民權路108-2號9樓
電　　話　02-22181417
傳　　真　02-22188057
Email　service@bookrep.com.tw
郵撥帳號　19504465
客服專線　0800-221-029
網　　址　http://www.bookrep.com.tw
法律顧問　華洋法律事務所　蘇文生律師
印　　製　韋懋實業有限公司
初版一刷　2020年3月
初版3.4刷　2024年1月
定　　價　新臺幣360元

國家圖書館出版品預行編目（CIP）資料

相信就是力量／威廉・沃克・阿特金森（William Walker Atkinson）著；
林敬蓉，楊雅琪，蔡裴驊譯. -- 初版. -- 新北市：堡壘文化, 2020.03
　面；　公分. --（亞當斯密；1）
譯自：Thought-force in business and everyday life : being a series of
lessons in personal magnetism, psychic influence, thought-force
concentration, will power and practical mental science, 18th ed.
ISBN 978-986-98741-0-6（平裝）

1. 自我實現　2. 成功法

177.2　　109000376